NEW 북즐 시리즈 01

지속 가능한 출판을 위한

출판기획의 시작

김재형, 이시우 공저

01

NEW 북즐 시리즈 ─────────────

지속 가능한 출판을 위한

출판기획의 시작

펴 낸 날   초판 1쇄 2020년 12월 17일

─────────────────────────────

지 은 이   김재형, 이시우
펴 낸 곳   투데이북스
펴 낸 이   이시우
교정·교열   김지연
편집 디자인   박정호
출판등록   2011년 3월 17일 제307-2013-64호
주   소   서울특별시 성북구 아리랑로 19길 86, 상가동 104호
대표전화   070-7136-5700   팩스 02) 6937-1860
홈페이지   http://www.todaybooks.co.kr
페이스북   http://www.facebook.com/todaybooks
전자우편   ec114@hanmail.net

─────────────────────────────

ISBN 978-89-98192-94-5 03010

© 김재형, 이시우

이 도서의 국립중앙도서관 출판예정도서목록(CIP)은 서지정보유통지원시스템
홈페이지(http://seoji.nl.go.kr)와 국가자료종합목록 구축시스템(http://kolis-
net.nl.go.kr)에서 이용하실 수 있습니다. (CIP제어번호 : CIP2020049643)

NEW북즐시리즈 01

지속 가능한 출판을 위한

출판기획의 시작

김재형, 이시우 공저

모든 문서의 초안은 끔찍하다.

글 쓰는 데에는 죽치고 앉아서 쓰는 수밖에 없다.

나는 〈무기여 잘 있거라〉를 마지막 페이지까지 총 39번 새로 썼다.

– 어니스트 헤밍웨이 –

　책을 기획하고 편집하는 일은 스케치북에 연필로 드로잉을 하는 것과 같은 작업인 것 같다. 새로 그리다가, 지우고 또다시 그리고, 지우고, 다듬기를 반복한다. 기획한 책 중에서 10%만이 편집을 거쳐 책으로 만들어지는 것 같다. 단순히 필자의 경험에서 추정한 수치이다. 뛰어난 출판기획자는 다를 것이다.

　기획된 책에 대해 작가를 섭외하고 원고를 받고 1차 편집 작업을 거쳐 디자이너에게 전달하는 일련의 작업들이 좋다. 불확실한 미래에 대한 도전 또한 좋다.

　이 책이 출판기획자들에게 작은 도움이 되었으면 좋겠다. 부족한 원고지만 그동안의 경험들을 바탕으로 최선을 다해 새롭게 버전업해서 집필했다.

2020년 12월
저자 김재형, 이시우

목차

PART 1 출판기획의 시작

01 출판기획자의 업무와 출판기획 . 10

02 출판기획자에게 필요한 마인드 . 16

03 출판기획과 출판편집의 차이 . 21

04 출판사, 독자, 작가가 원하는 기획 . 25

05 출판기획자에게 정보는 생명이다 . 28

06 잘못된 기획의 시작 . 31

07 잘못된 기획에서 배운다 . 34

08 기획물에 대한 아이디어를 잡아라 . 38

PART 2 출판기획자로서의 준비

01 출판기획자의 일상과 출판기획 . 42

02 책을 읽는 것과 글 쓰는 것이 즐겁습니까? . 45

03 호기심 & 끈기 . 48

04 출판기획에 대한 환상을 버려라 . 51

05 신입 출판기획자에게 필요한 공부는? . 53

06 글 쓰는 것을 습관화하자 . 55

07 책 서평의 전문가가 되자 . 57

08 내 생각과 능력을 의심하자 . 60

09 프레젠테이션 능력을 키우자 . 62

10 출판기획자에게 정보는 생명이다2 . 64

PART 3 출판기획 그리고 커뮤니케이션

01 한 권의 책이 만들어지기까지 . 70

02 출판기획자는 서류가 생명이다 . 73

03 하드디스크의 백업 . 80

04 '작가가 왕'인 세상이 오고 있다 . 83

05 출판기획자와 작가, 누가 리드할 것인가? . 87

06 출판기획자와 디자이너와의 관계 . 93

07 출판기획자와 제작자와의 관계 . 97

08 출판기획자와 작가 간의 신뢰 관계 . 99

09 작가는 어떻게 판단해야 하는가? . 102

10 출판기획자와 영업 담당자와의 협력 관계 . 105

11 경력 출판기획자의 재교육 . 107

12 많은 사람들과의 커뮤니케이션을 즐겨라 . 112

PART 4 책 기획 과정에서 고려해야 할 것들

01 누가 리드할 것인가? . 116

02 설득당하는 것을 즐겨라 . 120

03 출판 시장조사는 어떻게 하는가? . 123

04 저자의 시장조사는 허구다 . 126

05 독자의 시각으로 바라보자 . 132

06 자신만의 통계 데이터를 축척하자 . 134

07 책의 구성과 서술 방법도 성장을 한다 . 137

08 디자인 프로세스의 유형별 대처는? . 139

09 어느 날 갑자기 출판 제작을 맡게 된다면? . 148

10 출판기획자가 알아야 할 출판 제작의 상식들 . 151

PART
1

출판기획의 시작

출판기획자가 책을 만들기 전에 가장 먼저 해야 할 일은 만들려는 책을 기획하는
것이다. 만들려는 책의 종류가 정해졌다면 문제가 없다. 하지만 앞으로 지속적인
출판 업무를 하기 위해서는 출판기획이 꼭 필요하다.

01

출판기획자의 업무와
출판기획

출판기획자가 책을 만들기 전에 가장 먼저 해야 할 일은 만들려는 책을 기획하는 것이다. 만들려는 책의 분야, 세부사항이 이미 정해졌다고 해도 앞으로 지속적인 출판 업무를 하기 위해서는 출판기획 과정이 꼭 필요하다. 자신이 집필 중인 한 종의 책을 발간하기 위해서 출판사를 창업하는 것은 깊은 고민이 필요하다. 출판사는 한 종의 책으로 유지되기가 어렵다. 유지되기보다는 매달 손실이 발생하는 구조이다.

여기서는 출판기획자의 업무에 대해서 알아보기 전에 출판기획에 대해서 먼저 알아본다. 여기서 내리는 정의인 출판기획이란 무엇이며 출판기획자의 업무는 무엇인가는 지극히 필자의 개인적인 생각임을 밝혀둔다.

출판기획이란?

현재 주어진 주변 환경들인 출판시장의 변화, 예상 독자, 집필할 작가, 출판사가 주로 만드는 출판 분야, 출판사의 자금력, 출판사의 인적 구성 등을 고려해서 만들고자 하는 도서를 구체적으로 계획하는 일련의 일을 말한다. 이러한 계획을 수립하기 위해서는 실현 가능성과 성공 가능성을 예측하고 어떻게 디자인해서 마케팅을 할 것인가의 판매 전략도 포함되어야 한다.

출판기획을 하는 출판기획자의 업무를 분석해보면 다음과 같이 정리할 수 있다.

❶ 출간 아이템 선정: 어떤 도서를 출간할 것인가에 대한 고민

❷ 집필할 작가 섭외: 도서의 기획 방향을 이해하는 적합한 작가의 섭외

❸ 도서의 편집: 타깃 독자층을 공략할 도서 편집에 대한 고민

❹ 도서의 디자인: 타깃 독자층을 공략할 도서 디자인에 대한 고민

❺ 도서의 홍보 및 광고: 어떻게 홍보 및 판매를 할 것인가에 대한 고민

❻ 도서의 판매: 출간된 시점부터의 구체적인 판매방법에 대한 고민

❼ 도서의 관리: 도서의 재고관리 및 반품 관리에 대한 고민

출판기획자는 출판기획 시 다음의 사항들을 고려해야 한다.

❶ 도서를 구입할 독자 타깃을 명확하게 하자. 누구나 볼 수 있는 도 서는 아무도 안 볼 확률이 높다.

❷ 출판시장의 흐름과 해당 분야의 특성을 파악한다. 그리하여 출간 시점을 정하자.

❸ 만들려고 하는 도서가 있다면 먼저 출간된 다른 출판사의 도서를 벤치마킹하자. 판매가 잘 되는 도서는 분명 그 이유가 있을 것이다.

❹ 도서의 표지 디자인과 제목에 대한 충분한 고민을 디자이너와 함 께한다.

❺ 다음은 시장조사 과정에서 출판기획자가 꼭 확인하고 정리해야 하는 항목들이다.

⇨ 출간 목적, 예상 독자, 유사 도서의 판매량, 도서의 판형 및 페 이지, 도서의 본문 인쇄 도수, 도서의 가격, 도서의 제목, 도서의 목차, 도서의 분야.

출판기획 시 가장 많이 듣는 이야기는 그런 종류의 도서는 이미 나와 있다는 이야기이다. 과연 이 세상에 나와 있지 않 은 도서들이 있을까?

세상에 나와 있지 않은 도서들은 분명 시장성이 없어서 일 것이다. 즉 판매 부진이 예상되거나 책을 집필할 작가가 없어 서가 아닐까?

지속 가능한 출판을 위한
출판기획의 시작

하나의 주제를 가지고도 출판기획자에 따라 다양한 분야의 책이 탄생할 수 있다. TV프로그램을 보면서 이야기해보자. 요즘 음악과 음식 프로그램들이 매우 많다. 음악 프로그램의 경우 진행 방식에 따라 다양하게 기획이 되어 있다. 〈복면가왕〉, 〈불후의 명곡〉, 〈너의 목소리가 보여〉, 〈히든싱어〉, 〈신의 목소리〉, 〈더 팬〉 등을 보면 음악이라는 한 분야를 다양한 콘셉트로 기획해 전혀 다른 프로그램으로 느끼게 만든다. 음식 프로그램 역시 〈집밥 백선생〉, 〈수요미식회〉, 〈냉장고를 부탁해〉, 〈삼대천왕〉 등의 프로그램을 보면 쉽게 이해가 될 것이다.

세상에 나오지 않은 도서는 없다. 극단적으로 나오지 않은 도서는 시장성이 없거나 다른 이유가 있을 것이다. 출판기획자는 이 세상에 존재하는 많은 유(有)에서 새로운 유(有)를 탄생시키는 출판 창조자가 아닐까?

흔히 출판기획을 이야기할 때 3T 기법을 많이 이야기한다. 필자도 3T에 대해서 짚고 넘어가려고 한다.

3T 기법을 이용한 기획에 대해서
3T는 타이밍(Timing), 타이틀링(Titling), 타깃팅(Targeting)

을 말한다.

❶ 타이밍(Timing)

모든 것은 타이밍이 중요하다. 자전거를 구입하려는 사람에게 자전거 카탈로그를 준다면 그 사람은 해당 자전거를 구입할 확률이 높다.

책도 마찬가지다. 사회적으로 화제가 되는 내용이 담긴 책이 적절한 시기에 나온다면 베스트셀러가 될 수도 있다. 한때 부동산 시장의 경기가 좋았을 때 부동산 관련 책들이 베스트셀러에 올랐다.

한편으로는 이런 생각도 한다. 올해 어떤 책이 히트 칠지 안다면 누가 그런 책을 안 만들겠는가? 노력도 중요하지만 약간의 운도 필요한 것 같다.

❷ 타이틀링(Titling)

책의 제목은 그 책의 전체 내용을 대변한다. 사람을 만날 때의 첫 대면과 같이 독자가 처음 대하는 것은 책의 제목이다. 책 제목에서 끌림이 와야 한다. TV에서 한 대학생이 긍정이라는 단어가 좋아서 『긍정 심리학』이라는 책을 구입했다고 하는 것을 본 적이 있다. 지방에서 올라와 단칸방에서 공부하는 그 학생에게 긍정의 힘이 필요했을 것이다. 끌림이 있

지속 가능한 출판을 위한
출판기획의 시작

는 적절한 제목은 독자들에게 한 발 더 다가가는 중요한 무기가 된다.

❸ 타깃팅(Targeting)

기획 중인 책의 독자 타깃이 분명할 때 책의 포지셔닝(Positioning, 시장에서 제품의 위치를 명확히 하는 전략)이 정확해진다. 누구나 다 볼 수 있는 책은 반대로 아무도 안 볼 수 있다. 하지만 정확한 타깃이 있는 책은 독자들을 중심으로 독자층을 확대시킬 수 있는 것이다. 출판기획을 하는 모든 분들이 항상 고민하는 것이 예상 독자 타깃 선정이 아닐까?

02

출판기획자에게
필요한 마인드

출판기획자에게 필요한 마인드는 무엇인지 알아보자.

누구나 출판기획을 할 수 있다. 그리고 누구나 출판기획자가 될 수도 있다. 다음은 필자가 경험한 출판기획자들을 분석한 결과를 정리해보았다.

출판기획자에게는 다음과 같은 마인드가 필요하다.

① 열려있는 마음가짐
② 출판시장을 읽는 공정한 눈
③ 창의적인 아이디어와 긍정적인 마음가짐
④ 자신의 업무에 대한 분석과 업그레이드
⑤ 출판 인맥 형성에 대한 노력과 진실성

열려있는 마음가짐

출판기획자는 항상 오픈 마인드의 자세가 필요하다. '예전에는 이렇게 했는데', '지금은 왜 이렇게 하지'라고 말하는 바보가 되지 말자. 모든 것이 변한다. 강산이 변하고 시대가 변하고 사람의 생각들이 변한다. 필자가 출판사 근무 시절 가장 많이 들었던 말 중 하나가 다음이다.

"다른 출판사는 이런 시스템을 또는 이런 프로그램을 또는 이런 종이를 사용하지 않는데 왜 우리가 사용해야 하지"

몇 년 전 영어책을 출간하고 싶은 작가가 찾아왔다. 필자는 '저희 출판사는 영어분야의 책을 출간하지 않습니다.'라고 정중하게 거절했다. 그분은 필자의 출판사에서 꼭 책을 내고 싶다고 하며 제작비에 도움을 주겠다고 했다. 우여곡절 끝에 그 책 2종이 나왔다. 여름방학과 겨울방학이 되면 그 책들의 주문이 많이 들어온다. 그때 그 책을 출간하지 않았다면 방학 전후의 매출이 떨어졌을 것이다. 항상 열려있는 마음으로 예비 작가를 만나자.

출판시장을 읽는 공정한 눈

출판시장에서 시대의 트렌드를 읽는 것은 가장 중요한 일이다. 하지만 어느 누가 그 점에 대해 명확하게 진단을 하고 그에 맞는 책을 출간하겠는가?

출판시장에서 어느 한곳에 치우치지 않는 공정한 눈을 가졌으면 좋겠다. 어느 한곳으로 치우치지 않는 공정한 눈으로 출판시장을 보면 분명 좋은 기획물을 만들 수 있을 것이다.

필자는 그런 능력이 없다. 하지만 공정한 눈을 가지려는 노력은 하고 있다. 언젠가는 출판시장을 읽는 안목이 생기지 않을까라고 낙관해본다.

창의적인 아이디어와 긍정적인 마음가짐

항상 창의적인 아이디어를 돌출해내자. 그렇게 하려면 책을 많이 읽는 것이 도움이 된다고들 말한다. 필자는 군이 책이 아니더라도 해당 자료들을 인터넷에서 찾고 관련 영상을 보면서도 충분히 창의적인 아이디어가 나온다고 생각한다. 창의적인 아이디어는 어디에서도 나올 수 있다. 중요한 것은 그것을 메모해두고 현실화 단계를 거치면서 현실화하는 것이라고 생각한다. 그리고 항상 긍정적인 마음을 가지자. 출판이 불황이라고는 하지만 책을 읽는 독자들이 있는 한 출판은 영원할 것이다. 전자책 시장도 성장을 하고는 있지만 그 시장 또한 출발점은 출판기획자의 출판물 기획이다.

자신의 업무에 대한 분석과 업그레이드

출판기획자는 항상 자신의 업무에 대한 정리가 필요하다. 특히 자료의 정리 및 분류를 잘해야 한다. 방대한 자료들을 수집하는 것에 그치지 않고 적합한 분류를 해두어야 다음에 자료들을 바로 확인하고 사용할 수 있다. 그리고 자신의 업무에 대한 본질을 파악하고 항상 업그레이드를 하자. 어제의 정보는 오늘 쓰레기가 될 수도 있기 때문이다. 1년간 한 번도 입지 않는 옷은 버리라고 하지 않는가? 같은 맥락인 것 같다.

출판 인맥 형성에 대한 노력과 진실성

출판물을 기획하다 보면 가장 많이 느끼는 한계는 인맥이다. 우주에 관한 책을 기획한다고 하자. 그러면 우주에 관한 전문가를 찾아야 하는데 그 분야 전문가를 찾기가 힘이 들고 그 전문가를 만나서 책을 진행하는 것은 엄두도 낼 수 없다.

필자가 출판사를 운영하면서 느끼는 점은 기획이 쉬운 책은 쉽게 만들 수 있는 반면 책의 판매량을 올리기에는 한계가 나타난다는 것이다. 그 반대로 기획이 어려운 책은 만들 수만 있다면 절대로 실망을 주지 않았다는 것이다.

평소 출판 인맥 형성에 노력하자. 작가 강연회, 출판 관련 활동을 통해 평소에 인맥을 쌓아두자. 그 노력 앞에는 항상 진실성이 있어야 한다는 것이다. 자신이 어떤 목적을 가지고 사람을 사귄다면 언젠가는 그 한계가 드러나고 말 것이다.

과거는 과거일 뿐 현실을 직시하자. 예전의 실수를 앞으로의 좋은 경험으로 만들자.

필자의 지인이 이런 말을 했다.

'나이가 50세 정도가 되면 사람들의 행동에서 모든 것이 다 보인다. 그러므로 진실성이 없으면 원하는 것을 이룰 수가 없다.'

100세 시대에 출판기획자는 분명 매력 있는 직업이라고 생각한다. 기운이 없어 무거운 것을 들 수는 없지만 연필을 굴려 아이디어를 만들어 낼 수는 있다고 생각하기 때문이다.

지속 가능한 출판을 위한
출판기획의 시작

03

출판기획과
출판편집의 차이

출판기획을 먼저 알아야 하는가? 출판편집을 먼저 알아야 하는가?

필자는 이 질문에 답을 가지고 있지는 않다. 출판기획과 출판편집의 차이점에 대해서 말하려고 먼저 던진 질문이다.

무엇이 먼저든 출판기획과 출판편집의 차이점을 아는 것이 중요하다.

출판기획의 시작

❶ 출판기획은 출판기획자의 의지에서 출발한다.

출판기획자가 기획한 내용으로 그 책의 출판기획은 시작이 된다. 무(無)에서 시작하는 것도 있지만 어떤 아이디어를 시작으로 출판기획은 시작된다. 필자의 경우 매일매일 새로운 아이디어가 떠오른다. 아이디어가 생길 때 가장 먼저 하는 일은 메모이다. 일단 펜으로 또는 일정관리 프로그램에 등록을 해둔다.

❷ 출판기획의 시작은 아이디어의 메모라고 말하고 싶다.

그렇게 정리된 메모 또는 자료들은 추후 다시 생각을 빼고 생각을 더하고 생각을 수정하는 과정을 거친다. 그 과정에서 90% 이상은 쓸데없는 생각이라고 치부되어 버려지고 나머지 10%만이 더 깊은 생각을 위해 남는다.

❸ 그렇게 남은 구체화된 아이디어는 워드프로세서를 이용해서 내용이 정리된다.

워드프로세서로 정리를 하다가도 버려지는 기획물도 있다. 최종적으로 살아남은 아이디어는 책의 타깃이 정해지고 책의 예상 독자가 정해진다. 나아가 이 기획물을 집필할 예비 작가도 머릿속에 그리게 된다.

출판편집의 시작

❶ 출판기획으로 시작된 책의 예비 작가를 섭외하는 업무

예비 작가를 섭외하는 것은 출판사에서 하는 업무 중 가장 중요하고 가장 어려운 일이다. 그 작업이 잘되면 책의 성공률도 올릴 수 있다.

❷ 작가를 섭외해서 계약을 하고 탈고 날짜를 확인한다.

그 책에 100% 적합한 작가를 섭외한 후 계약을 하고 탈고 일을 기다리게 된다. 작가의 탈고 일은 항상 뒤로 밀리므로 그 점을 염두에 두고 출간 일정을 잡아야 한다.

❸ 작가에게 받은 원고는 크게 두 가지로 구분이 된다.

기성 작가이거나 필력이 좋은 분의 원고는 출판편집을 별도로 할 필요가 없다. 맞춤법이 잘되어 있는 원고는 출판편집자의 업무를 상당히 줄여준다. 문제는 두 번째의 경우로 처음 글을 쓰는 신인작가이거나 필력이 좋지 않은 작가의 원고다.

❹ 이런 경우 작가에게 받은 원고가 거칠다고 표현한다.

출판편집자가 할 일이 많아진다. 가장 먼저 파트의 구분과 맞춤법을 잡아야 한다. 출판사마다 다르겠지만 출판편집자가 책의 형태를 만들고 기본적인 맞춤법까지 잡아서 원고를 만드는 경우도 있고 출판편집자가 책의 형태만 만들고 맞춤법은 외주 처리를 하는 경우도 있다.

일반적으로 출판사에서 출판편집을 오래 하다가 출판기획

자로 자리매김하는 분들도 있고 처음부터 출판기획을 시작하는 분들도 있다. 어느 것이 좋고 어느 것이 안 좋다고는 말할 수 없다. 성과가 있는 곳에 길이 있다. 성과가 좋으면 그것을 시작으로 그 회사에서의 업무가 정해지는 것 같다.

04

출판사, 독자, 작가가 원하는 기획

출판사, 독자, 작가 각각이 원하는 기획에 대해서 알아보자. 대상이 다르므로 각기 다른 의견이 있을 것이다.

출판사가 원하는 기획

출판은 문화산업으로 엄연한 사업이다. 만든 책이 판매되지 않으면 제작비용과 고정 비용을 지출할 수 없게 된다. 그렇게 되면 그다음 책을 만들 수 없게 될 수도 있다. 출판사 입장에서 원하는 기획은 잘 팔리는 책을 기획하는 것이다. 그렇다고 사회 이슈를 자극하거나 선정적인 내용으로 책을 만들면 안 된다. 누구나 볼 수 있는 교양도서이며 지식을 담은 양서를 만들었는데 잘 팔린다면 출판사 입장에서는 최고로 행복한 일이다. 출판사가 원하는 기획은 판매가 잘되고 많은 독자들에게 사랑을 받을 수 있는 책의 기획인 것이다.

독자가 원하는 기획

독자가 원하는 기획보다는 독자가 원하는 책이 더 맞는 표현일 것이다. 독자들은 자신에게 필요한 책이 아니면 지갑을 열지 않는다. 꼭 필요하고 소장 가치가 있는 책에 지갑을 연다. 필자의 경우 필자가 좋아하는 책 시리즈를 수집하면서 읽는다. 다 읽고 난 책은 뿌듯한 마음으로 책장에 진열을 한다. 한 종 한 종 늘어날 때마다 기분이 좋다.

독자들은 자신에게 당장 필요하지 않은 책을 구입하지는 않는다. 대신 당장 필요는 없지만 시간적 여유를 가지고 읽고 싶은 책은 도서관에서 빌려서 본다. 대출 중이라면 대기를 하면 된다. 독자가 원한 기획은 독자들에게 꼭 필요한 책을 만드는 것이다. 선택한 분야의 시장이 작아도 확실한 독자들만 있으면 된다.

작가가 원하는 기획

모든 작가들의 꿈은 다음과 같다고 본다.

독자들에게 반응이 좋아 사랑을 받으며 책의 판매가 잘되어 경제적인 여유를 줄 수 있는 책일 것이다. 작가에도 종류가 있다. 예비 작가, 초보 작가, 기성 작가, 베스트셀러 작가 정도로 나눌 수 있을 것 같다.

이 모두를 한 번에 만족시켜줄 출판기획물은 없다. 하지만 모두가 공감할 수 있는 최선의 기획을 하는 것이 출판기획자의 힘이고 지속 가능한 출판을 위한 초석이다.

05

출판기획자에게
정보는 생명이다

현대 사회에서는 원하는 정보를 손쉽게 구할 수 있다. 유료인지 무료인지에 따라 정보의 가치는 달라지겠지만 원하는 자료들이 너무 많아서 문제인 경우가 종종 있다. 그중 거짓 정보에 대한 검증(檢證)도 필요하다. 출판물을 기획하는 출판기획자에게 정보는 기획의 첫 시작이자 생명줄이다.

출판기획자들은 어떻게 정보를 수집하는가?

정보의 수집 방법에는 에이전시에서 오는 외서들에 대한 소개 메일 리스트와 책, SNS 등이 있겠다. 그리고 지인의 입소문이나 기획자의 다양한 정보 수집도 있다.

여기서 가장 많이 활용되는 방법이 에이전시에서 오는 외서들에 대한 소개 메일인 것 같다.

매주 많은 양의 신간 소개 이메일을 받는다. 이 중에서 출판사의 출간 방향과 맞고 독자들에게 사랑받을 수 있는 책을 선택하는 것은 정말 어려운 일이다.

필자의 경험을 토대로 말하면 그 누구도 베스트셀러가 되는 책은 모른다는 것이다. 출판사 근무 시절 이런 일이 있었다. 외국에서 판매가 많이 된 외서를 좀 과도한 선인세를 주고 가져왔다. 마케팅팀에서 전략적으로 밀어내기를 하려고 초판을 평소보다 많이 제작을 했었다. 그 책의 결과는 참패였다. 국내시장에서는 반응이 없었던 것이다. 충분한 금액으로 광고도 했었다. 출판사에서 할 수 있는 방법은 모두 동원을 했던 것 같다.

반대로 아주 저렴한 선인세로 가져온 책이 꾸준한 판매를 올린 경우도 있다. 선인세가 높다고 좋은 책이고 선인세가 상대적으로 낮다고 판매가 안 되는 책은 아니라는 사실을 깨닫게 해주는 좋은 본보기였다.

SNS를 통한 작가 정보의 수집과 기획물에 대한 기초자료 수집에 있어서 다음의 사항들을 잘 알고 진행을 하자.

자신이 직접 올린 것인지 아니면 타인의 게시물을 공유한 것인지에 대한 파악이 필요하다. 그리고 콘텐츠의 진실성과

정확성에 대한 검증도 필요하다.

페이스북, 트위터, 블로그, 카페 등에 올라가 있는 정보들 중 내게 꼭 필요한 정보를 수집하고 그것을 기초로 기획안을 만들어보자. 분명 10개의 기획물 중 현실화 단계에서 80% 이상은 사라질 것이다. 그러므로 더 많은 기획을 해야 한다. 그리고 꼭 현실화 단계를 거쳐야만 한다. 자만에 빠지는 일이 없도록 해야 한다.

06

잘못된 기획의
시작

출판사를 경영하면서 대박을 쫓다 보면 잘못된 기획을 할 수 있다. 어느 1인 출판사 사장은 출간한 책 한 종이 터져 대박이 났다. 사실이다. 가능한 일이다. 하지만 누구에게나 일어나지는 않는다. 로또 당첨이 되는 사람도 있지만 대부분은 그렇지 않은 것과 같다.

잘못된 기획을 하지 않으려면 대박의 환상을 경계하자. 말이 쉽지 현실적으로 쉽지는 않다.

필자 또한 신간이 나올 때마다 기대를 한다. 그 기대가 한 달만 지나면 헛된 상상이었다는 것을 깨닫는다. 좋은 책을 가벼운 마음으로 출간하고 그 결과를 겸손하게 받아들이는 마인드 컨트롤이 필요한데 쉽지는 않다. 특히 제작비가 많이 들어간 책이 실패를 하면 정말 속이 상한다. 작가에게는 하나의 실적이 될지 몰라도 그 책을 기획한 기획자나 출판사 대표에게는 상처가 된다.

잘못된 기획의 시작에 대해서 알아보자.

❶ 베스트셀러를 따라가는 기획은 하지 말자.

현재 판매가 잘되고 있는 책과 비슷한 류의 책을 만든다면 최소 10개월에서 12개월 이상의 시간이 걸릴 것이다. 그 책이 나올 무렵이면 시장에서의 인기도 사라질 것이다. 하지만 베스트셀러의 수명이 길고 6개월 안에 책이 나온다면 어느 정도 판매는 될 것이다.

❷ 사회에 민폐를 주는 책은 기획하지 말자.

출판사를 경영하는 모든 분들은 나름대로의 소신이 있다. 꼭 필요하고 사랑받는 양서를 만들고 싶다는 생각이다. 경영이 어렵다 보면 사회에 민폐를 줄 수 있는 책에 눈이 가기도 한다. 반사회적인 도서, 19금 도서 등이 있을 것이다. 하지만 좀 더 미래를 내다본다면 부끄러운 생각이라고 판단될 것이다.

❸ 시장을 분석하지 않은 책은 실패한다.

기획한 책은 항상 현실화 단계를 거쳐서 냉정하게 판단해야 한다. 현실화 단계의 첫 단추가 철저한 시장조사이다. 시장조사로 진입하려는 시장을 분석하지 않으면 실패할 확률이 높다.

❹ 제작비용이 과한 책은 충분히 검토한 후 만들자.

아무리 좋은 기획이라고 하더라도 독립출판사, 1인 출판사에게 초기 투자비용이 많이 들어가는 책의 진행은 쉽지 않다. 그런 책은 충분한 검토를 한 후 만들자. 잘못하면 2~3종 만들고 출판사를 접어야 할 수도 있다.

❺ 시대의 변화에 따르자.

몇 년 전 계약한 책이 있었다. 책은 계약일로부터 꽉 채운 2년이 지나서 탈고를 했다. 디자인 작업에 1년이라는 시간이 흘렀다. 기획 후 3~4년 정도가 흐른 후 책의 형태를 갖추게 되었다. 작가와 계약을 하고 너무 오랜 시간이 걸려 나온 책은 시대의 변화에 떨어질 수 있다. 시대의 변화에 그 책을 다시 돌아봐야 하는데 쉽지 않은 결정을 해야 한다.

07

잘못된 기획에서
배운다

항상 잘못된 기획으로 발간된 책을 보면 그 실패의 원인은 그 책을 기획한 필자에게 있었다.

필자의 경험을 다음과 같이 정리해 본다.

혼자만의 생각으로 만든 책

책을 기획하는 단계부터 주변의 자문이나 시장조사 없이 혼자만의 생각으로 기획한 책은 분명 그 한계가 존재한다. 좀 더 자문을 받고 시장조사를 거쳐 현실화를 시켜야 한다. 그렇지 못하고 혼자만의 상상으로 만든 책은 실패해도 이상하지 않다. 그래서 요즘은 블로그에 연재하거나 SNS 등의 각종 매체를 통해 일단 연재를 하고 독자들의 반응을 본다. 독자들의 조회 수가 그 게시물들이 책으로 만들어졌을 때의 결과를 예측할 수 있다.

시장분석을 제대로 하지 않은 책

모든 출판기획자들은 자신이 기획한 책이 시장에서 좋은 반응을 얻을 것이라고 생각하기 마련이다. 담당자 외에 상급자가 있는 출판사 구조라면 한 단계 걸러지겠지만, 1인 출판사의 경우에는 혼자서 기획을 하고 작업에 들어가는 경우가 많다. 이 경우 시장조사를 꼭 해야 한다. 하지만 현실적으로 그 부분을 무시하고 넘어가는 경우가 많다. 시장조사를 거쳐 시장분석을 제대로 하지 않고 만든 책이거나 대충 시장분석을 하고 만든 책은 원하는 성과를 이루기 쉽지 않다.

작가의 말만 믿고 만든 책

작가는 항상 자신의 책이 베스트셀러가 될 것이라고 장담하지만 현실은 대부분 그렇지 못하다. 베스트셀러는 작가의 상상 속과 출판사 기획담당자의 상상 속에만 존재한다. 1종으로 수십만 부 이상을 판매한 출판사 대표이면서 출판기획자에게 물었다. 그 책이 어떻게 그렇게 잘 팔리는지 궁금하다고……

그분의 대답은 다음과 같다.

"저도 잘 모르겠어요. 이 책이 왜 이렇게 잘나가는지요."

필자는 출판사 창업 초기에 작가의 말을 100% 믿었다. 하지만 나오는 책마다 실패를 하면서 그 신뢰도가 점점 떨어졌다. 작가의 말보다는 정확한 출판시장의 분석이 더 중요한 것 같다.

제작비용이 많이 들어간 책

책이 잘 안 나가는 요즘 같은 시국에서 제작비용이 많이 들어가는 책은 일단 여러 번 생각을 해서 진행 여부를 결정해야 한다. 직원이라면 그런 깊은 생각까지는 안 하고 진행을 할지 몰라도 그 책이 실패하면 부메랑이 되어 다시 자신에게로 돌아올 것이다.

책을 만들 때 여러 가지 고려해야 할 것들 중 하나는 제작비용이 어느 정도 들어가서 몇 부를 판매해야 손익분기점에 도달하는가를 따져 보아야 한다는 것이다. 1만 부 이상을 팔아야 손익분기점이 된다면 필자는 일단 그 기획물을 보류해 둘 것이다.

급하게 만든 책

일을 하다 보면 작가의 요청이나 자신의 조급함으로 책을 급하게 만드는 경우가 간혹 있다. 사실 책마다 출간 시기가 있는 책도 있다. 여행 시즌에 맞춰 여행 책이 나오면 좋고 자

지속 가능한 출판을 위한
출판기획의 시작

격증 시험 일정에 맞춰 시험문제집이 나오면 판매에 영향을 미칠 것이다. 그런 경우가 아니라면 책을 급하게 만들지는 말자. 급하게 진행하다 보면 만들지 말아야 할 책을 만들 수 있고 제작 사고를 불러올 수도 있다.

필자의 경험으로 훌륭한 작가는 절대로 책을 서둘러 나오게 해달라는 부탁을 안 한다. 책은 필요한 공정들을 꼭 거쳐서 제대로 나와야 한다.

08

기획물에 대한
아이디어를 잡아라

아이디어는 잠깐 스쳐 지나간다. 그러므로 아이디어가 떠오르면 바로 메모지에 기록을 남기자. 남긴 메모지의 흔적을 토대로 다시 정리를 하자. 정리가 되었다면 간단한 기획서를 만들어보자. 기획서를 만드는 과정에서 생각은 좀 더 다듬어지고 발전하게 된다. 이 작업은 부담 없이 수시로 하면 된다. 10종의 기획서 중 실제로 출간되는 것이 1종이라면 좋은 성과라고 생각한다.

다음과 같이 기획서를 작성하자. 양식에 연연하지 말자. 시작은 가벼운 마음으로 부담감을 없애고 그냥 적어 내려가 보자. 처음부터 거창하게 시작하면 그 시작이 어렵기 때문이다.

지속 가능한 출판을 위한
출판기획의 시작

기획자			작성일	
가제				
예상 독자	Main			
	Sub			
콘셉트				
예상 목차				
예상 작가			예상 쪽수	
도서 판형			예상 가격	
집필 포인트				
출간 예정일				

PART
2

출판기획자로서의 준비

출판기획자는 먼저 무슨 책을 만들 것인가를 늘 고민해야 한다. 그것을 '새로운 아이템의 생산'이라고 정의한다. 이때는 늘 과거, 현재, 미래의 출간 경향을 주의 깊게 살펴보는 것이 선행되어야 한다.

01

출판기획자의 일상과
출판기획

출판기획자는 먼저 무슨 책을 만들 것인가를 늘 고민해야 한다.

그것을 '새로운 아이템의 생산'이라고 정의한다. 이때는 늘 과거, 현재, 미래의 출간 경향을 주의 깊게 살펴보는 것이 선행되어야 한다.

또한 새로운 트렌드에 민감해야 한다. 출판 업무와 직접적인 관계가 없다고 하더라도 시대의 흐름이나 경제, 얼리어댑터들의 유행, 아키택쳐, 영화, 만화, 애니메이션 등 광범위한 분야에 대한 호기심을 가지고 그 속에서 무엇인가를 끄집어내려는 궁리를 해야 한다.

언젠가 선배 한 분이 '출판기획자는 근무시간이라는 것이

지속 가능한 출판을 위한
출판기획의 시작

없다!'라고 말을 한 적이 있다.

동의한다. 출판기획자로서 프로페셔널을 갖기 위해서는 근무시간은 물론, 집에서 TV를 볼 때도, 심지어는 지인들과의 식사자리에서도 끊임없이 새로운 아이템을 창출하는 것과 연결하는 습관을 갖도록 노력해야 한다.

영화관에서 본 멋진 영상에서 모티브를 따서 표지 디자인에 활용하기도 하고, 만화책의 구성을 활용한 아동 서적을 기획하기도 해야 한다. 그리고 길에서 우연히 본 가게의 간판에서 책 제목을 발굴할 수도 있을 것이다.

그렇다고 하루 종일 긴장감을 유지하라는 의미는 아니다. 단지 자신의 삶 자체가 의도적인 노력이 아닌 자연스럽게 '기획'이라는 것과 연결되어 있어야 한다는 의미다.

이제 평소의 일상과 출판기획이 어떻게 연결되는지를 알아보기로 하자. 물론 이는 나의 사례일뿐이므로 다른 사람에게는 적합지 않은 것도, 훨씬 더 좋은 방법이 있을 수도 있다. 어찌 보면 '뭘 저렇게까지?'라고 생각할 수도 있을 것이다. 그러나 이런 행동들이 스스로 자연스러워질 때 진정한 출판기획자라 할 수 있을것이다.

❶ **스크랩**: 인터넷 서핑 중에 경쟁력을 갖춘 블로거, 재미있는 문구, 흥미로운 취미, 기사 등을 스크랩한다.

❷ **나만의 기록 방법**: 스크랩, 메모, 일정관리를 위한 나만의 방법을 만든다(스마트폰의 앱, 블로그나 SNS의 업무용 계정 생성, 즐겨찾기 분류와 등록 등).

❸ **사진 촬영, 녹취**: 특정 디자인이나 유용한 색 배치를 발견하면 즉시 폰카 등으로 촬영한다. 핸드폰의 녹음기능 등으로 순간적으로 떠오르는 생각이나 대화 내용을 녹음한다.

❹ **다양한 취미활동**: 하기 싫은 일을 의무적으로 할 필요는 전혀 없다. 그러나 자신의 취향과 맞는 다양한 취미활동을 최대한 즐긴다.

❺ **읽기의 습관화**: 인터넷의 RSS, 텔레그램 채널 등의 기능을 활용하여 최대한 폭넓은 정보를 시간과 장소를 가리지 않고 읽는 것을 습관화한다.

02

책을 읽는 것과 글 쓰는 것이
즐겁습니까?

필자는 아주 어렸을 때부터 무엇인가를 읽는 일은 생활의 일부분이었다. 화장실에 갈 때도 휴지를 잊을망정 뭔가 읽을 거리가 없으면 불안해할 정도였다. 그리고 맘에 드는 책을 발견하면 양장 제본이 떨어져 나갈 정도로 반복해서 읽으며 매번 새로운 기쁨과 재미에 빠지곤 했다.

물론 이런 습관은 생활인으로서 그리 권장할만한 습관은 아니다. 하지만 출판기획자로서는 아주 좋은 재능이자 습관이라고 할 수 있다. '무엇인가를 읽는데 익숙하다는 것', '읽는 것에 쉽게 지치지 않는다는 것'은 훈련으로 만들 수 있는 것이 아니다.

사람마다 의견은 다를 수 있겠지만 필자는 이를 '타고난 재능'이라고 생각한다. 그리고 이 재능은 출판기획자에게 그 무엇보다 중요한 자산이다.

필자의 경우 출판계에 들어선 계기가 1980년대 후반 PC통신 동호회를 통해서였다.

워낙 뭔가를 쓰는 것, 온라인 게시판 등에 '방백'을 하는 것을 즐기던 나를 평소 눈여겨보던 선배(출판사에 근무하던)를 통해서 출판 일을 시작했을 만큼 개인적인 일상사, 사람들에 대한 느낌, 각종 유치한 강좌 글 등을 무차별적으로 쓰는 것을 좋아했다.

서점의 베스트셀러 코너에 전시된 책들을 보면 다음과 같은 일정한 원칙이 있는 것을 볼 수 있다.

❶ **제목에서 호기심을 유발한다.**:『달란트 이야기』,『마시멜로 이야기』,『칭찬은 고래를~』 등

❷ **보편타당하게 인정되는 권위, 인지도가 있다.**:『이상 문학상 작품집』,『여자라면 힐러리처럼』 등

❸ **외국에서 인정받은, 그리고 국내에 경쟁 서적이 드물다.**:『1% 행운』,『해리포터 시리즈』 등

❹ **저자 또는 시리즈의 인지도가 있다.**:『식객』,『바리데기』,『마법천자문』,『길라잡이』 등

❺ **시대의 핵심 단어를 포함한 주제**: 『나쁜 사마리아인들』, 『시골 의사의 부자경제학』 등

03

호기심 & 끈기

　출판기획자나 디자이너는 극단적으로 창조적인 사고가 필요한 사람이다.

　그리고 현실적인 그리고 냉정한 균형감각도 동시에 요구된다.

　그런 점에서는 요즘 유행하는 '마니아'나 '얼리어답터'와는 구분돼야 하지만, 그에 못지않은 호기심과 창조적인 생각은 필수적이다.

　호기심이 반드시 자신이 하려는 업무와 직접 연관이 있을 필요는 없다. 아마도 자연스럽게 연결이 될 것임에는 틀림이 없지만 말이다.

　필자의 경우 스마트폰, 만화책, 소프트웨어 수집 및 분석, 성인용 동영상 수집 등에 마니아적인 성향을 가지고 있다. 그리고 국내에서는 아직 생소한 자동차 광택, 정확히는 디테일 링(Auto Detailing)이란 취미가 이제는 직업의 일부분이 되기도 했다.

그런 취미 중에는 업무와 일정 수준 연관성이 있기도 하지만, 최소한 업무를 감안해서 관심을 가진 것은 분명 아니었다. 예를 들어 '소프트웨어 수집과 분석'이란 취미는 IT 서적 기획자라는 직업상 도움이 될 것처럼 보이지만, 실제로는 오히려 다른 취미보다 더 도움이 되었던 기억은 없다. 그러나 소위 무엇인가에 흥미를 가지는 그 과정 속에서 요즘 사람들의 마니아적 특성이나 이유를 알게 되고, 그런 현상들을 냉정하게 분석하면서 새로운 아이템을 발굴해내기도 한다.

반대로 필자가 전혀 관심 없어하는 '게임', 특히 '온라인 게임'의 경우 워낙 취미가 없는 탓인지, 그쪽 분야의 책을 기획하게 될라치면, 남들보다 배는 더 고생을 하고 스트레스에 빠져들기도 한다. 하지만 아이러니하게도 필자가 기획한 책들의 단순 판매 부수만으로 순위를 매긴다면 상위권 중 상당수는 게임 관련 서적이기도 하다.

출판기획자나 디자이너는 이처럼 일정 수준의 얼리어답터적인 사고방식이 필요하다. 그러나 그들과 구분돼야 하는 점은 냉정한 사고와 균형감각, 그리고 끈기가 요구된다는 점이다. 마니아는 무작정 빠져들고 금방 싫증을 내도 뭐라고 할 사람이 없지만, 출판기획자가 그래서는 곤란하다. 감정적으로는 즐기되 꾸준함과 냉철한 사고와 분석이 요구된다.

04

출판기획에 대한
환상을 버려라

어떤 일을 하고 싶다는 것은 어느 정도의 환상을 갖고 있다는 의미도 숨어있다고 생각한다.

물론 그것이 지나치면 '망상'이 되겠지만, 어느 정도의 '환상'은 에너지가 될 수 있으므로 막을 이유가 없다. 그러나 예비 출판인들이 상상하는 것보다 출판계는 훨씬 힘든 곳이다. 그리고 출판인을 양성하는 시스템도 부족해서 아직까지는 인맥을 통한 성장, 도제 방식이 남아있는 곳이기도 하다.

아마 예비 출판인들은

"도대체 출판 일을 하려면 어떻게 시작해야 하지?"

"학원을 다녀야 하나? 아님 대학교 관련학과를?"

"짐꾼으로라도 시작하고 싶은데 구인공고를 보면 경력자

만 뽑나?"

이런 막막한 질문 밖에 할 수 없을지도 모른다. 그리고 그런 막막함이 계속되면 출판 분야 자체에 대한 불만과 비판을 하려 들지도 모른다.

차라리 어떤 측면에서는 대기업에 입사하는 것이 더 쉬울지도 모르겠다.

학교 다니면서 열심히 공부해서 학점 확보하고, 해외 장단기 연수, 인턴 경험 등으로 스펙을 더하고, 토익 900점 이상을 위해 밤새워서 공부하면 된다. 물론 그 과정이 얼마나 힘든지는 알지만 최소한 정해진 길이 있다는 점에서는 출판인으로서의 입문보다는 오히려 쉬울 수도 있다.

출판계는 정해진 길은 존재하지 않는다. 출판학과를 우수한 성적으로 졸업한다고 무엇인가가 보장되는 것은 아니다. 어쩌면 여러분들은 정답이 없는 어둠 속에서 자신만의 정답을 찾아야 할지도 모르겠다.

그것도 어쩌면 평생을······.

05

신입 출판기획자에게
필요한 공부는?

신입 출판기획자나 예비 출판인들에게는 두 가지 방법을 먼저 권해두기로 하겠다.

여기서는 출판 전문 아카데미 등을 소개하는 것은 일단 배제하기로 한다. 물론 그런 일반적인 방법이 나쁘다는 의미는 아니다. 이 책에서 굳이 소개하지 않아도 조금의 관심만 있다면 쉽게 접할 수 있는 말 그대로의 '정보(Information)'이기 때문이다.

먼저 북에디터(http://bookeditor.org) 등의 출판 관련 커뮤니티는 상대적으로 출판기획자나 디자이너들의 모습과 업무를 간접 체험할 수 있는 유일한 통로가 된다. 그리고 그런 커뮤니티에 올라온 게시물들을 잘 살펴보면 실무자들만의 글, 물론 정제되지는 않은 수 많은 글을 접할 수 있을 것이다.

물론 처음 출판인의 길을 걷고자 하는 사람에게는 막막하고 척박한 방법이 될지도 모른다. 그러나 이해가 되든 안 되든 자주 보다 보면 언젠가는 '아! 그게 이 얘기였구나?', '이렇게 쉬운 것을 그렇게 어렵게 설명하다니!' 등을 느낄 날이 올 것이다.

06

글 쓰는 것을
습관화하자

출판기획자가 되겠다고 결심했다면 무엇인가를 적는 일을
생활화해야 한다. 좋은 방법은 자신이 자주 활동하는 사이
트의 게시판이나 자신만의 개인 블로그 게시판을 활용하는
것이 좋다.

트위터, 페이스북 등의 SNS 서비스에서 자신의 정치적인
견해, 논쟁을 즐기는 방법도 출판기획자에게는 피가 되고 살
이 되는 좋은 습관이다. 글을 쓴다는 것은 생각을 정리하는
가장 효율적인 방법이 된다. 그리고 기록으로 남는다는 장점
도 있다.

남들이 읽는 것이 싫다면 비공개 개인 홈피를 만들어서 게
시판에 일기를 쓰든, 관심분야 기사를 스크랩하든, 그 기사

에 대한 의견을 댓글로 쓰든, 나를 버리고 떠나간 그녀에게 저주의 글을 남기든, 수단과 방법을 가리지 말고 글을 쓰는 습관을 들여야 한다. 그리고 종이에 글을 쓰기보다는 컴퓨터 자판을 두들겨서 글을 쓰는 습관을 갖는 것이 좋다.

물론 요즘에는 대부분 키보드에 익숙하지만, 출판인 중에는 의외로 컴퓨터로 자신의 생각을 정리하는 것을 불편해하는 경우가 있다. 컴퓨터로 글을 쓰면 나중에 기록을 남기기에도, 그것들을 일종의 데이터베이스로 정리하기도 편하다.

07

책 서평의
전문가가 되자

각종 인터넷 서점에 들어가 보면 수많은 책과 함께 책의 서평을 쓸 수 있는 서비스가 제공되고 있다.

출판기획자나 디자이너 지망생들에게 이 서비스는 대단히 효율적인 트레이닝 도구가 된다. 자신이 관심 있는 분야에 대한 책을 읽고 나면 반드시 책의 서평을 작성해 보기를 권하고 싶다. 그것도 다른 사람들처럼 1~2줄로 된 서평이 아닌 나름대로 깊이 있는 서평을 작성하려 노력해보자. 아마 처음에는 눈뜨고 보기 어려운 유치한 서평이 될 수도 있다. 그러면 어떤가?

유치한 서평은 충분히 용서가 가능하다. 단지 자신만의 고집만 앞세운 글, 지식을 '어려운 용어'로 너저분하게 포장한 글이 아닌가에 대한 각별한 유의가 필요할 뿐이다.

처음에는 유치할지라도 반복하다 보면 분명히 자신만의 책에 대한 철학이 정립될 것이다. 또한 최근 출간 경향이나 특정 주제를 풀어나가는 서술 방법 등도 자연스레 체득하게 된다.

출간 기획서를 작성하자

앞의 두 단계가 익숙해지면 나름대로의 기획 아이템을 구상해보고 그것을 구체적인 출간 기획서를 작성해본다. 출간 기획서는 특별한 양식이 존재하는 것이 아니다. 분야에 따라 중요한 포인트가 다르고, 같은 분야라 하더라도 특성에 따라 강조해야 할 것이 제각각 다르기 마련이다. 그리고 경험이 쌓이고, 나중에 전문 출판기획자가 되면 기획서가 점점 치밀, 구체화되는 것을 느낄 것이다.

참고로 필자의 경우 기획서는 다음과 같은 항목들로 구성되어 있다. 참고하길 바란다.

지속 가능한 출판을 위한
출판기획의 시작

- 기획서 작성일:

- 작성자:

- 책의 제목: (가칭)

- 책의 분야:

- 분량:

- 편집 디자인 판형:

- 예상 가격:

- 독자 대상:

- 예상 판매량:

- 경쟁 서적:

- 작가:

- 아이템 소개:

- 책의 특징:

- 경쟁 서적과의 비교 분석:

- 시장 분석 결과:

- 출간 시 손익분기점 분석(BEP 분석):

- 예상 목차:

- 기타: 작가 구인 실패 시 대안, 예상 문제점, 위험성, 기대치 등

08

내 생각과 능력을
의심하자

출판기획자는 업무 특성상 무수히 많은 예비 작가 혹은 경력 작가를 만나게 된다. 그리고 의외로 많은 사람들이 자신의 판단이나 기획 아이디어에 대해 확신을 가지고 있음에 놀라게 된다. 그리고 때로는 작가들의 확신과 언변에 설득당해 책으로 출간된 후에 엄청난 후회와 회사로부터 질책을 듣는 경우도 있다.

자신만의 '신념'을 갖는 것은 바람직하지만, '확신'은 절대 금물이다. 그리고 열린 마음을 가지고 다른 사람들과의 무수한 토론 등을 통해 신념을 확인하는 절차가 필요하다. '확신'은 금물이다.

출판계에 있다 보면 책 몇 권 집필했다고, 베스트셀러를 경험했다고 자신만의 생각을 확신하는 사람이 제법 보인다. 단언하건대, 스스로 작가로써 능력에 확신을 가지는 사람은 앞으로 발전은 전혀 기대할 수 없다. 물론 집필 테크닉은 늘 수도 있겠지만……

책을 집필하는 동안의 무수한 갈등과 극복, 자신의 원고를 발전시키기 위한 수많은 고통은 자신의 능력에 대한 불만과 그에 따르는 피나는 노력 없이는 전혀 불가능하다.

필자의 경우, 약 20여 년 동안 출판계에 종사했지만 '출판계에 대해 잘 알고 있습니다만……' 등의 표현을 한 번도 쓴 기억이 없다. 하지만 제법 많은 사람들은 몇 번의 집필 경험이나 베스트셀러 작가라는 허명을 바탕으로 아주 쉽게 출판계를 완전히 파악하고 있는 양 말하곤 한다.

다시 한번 강조하지만 자신의 능력이나 판단을 확신한 상태에서는 객관적인 아이디어도 기획서도, 출판인으로써의 발전도 전혀 기대할 수 없다.

자신의 신념을 객관적으로 바라보는 일은 정말 고통스러운 일이지만, 마음을 열고 냉철한 이성으로, 그리고 끊임없이 자신의 생각과 능력을 의심하고 노력하고 채찍질하는 자세야말로 출판인, 출판기획자에게 꼭 필요한 덕목이다.

09

프레젠테이션 능력을 키우자

출판은 무(無)에서 유(有)를 창조하는 일이다.

하얀 백지 위에 자신의 생각이 글로 표현되고, 글을 잘 표현하기 위해 '디자인'이라는 요소가 덧붙여진다. 그리고 책이 출간되어 세상 사람들에게 읽히는 마력이 있다.

책을 만들겠다고 결정하기까지는 반드시 하얀 백지상태에서 누군가에게(출판사 대표 등) 어떤 모습이 될지를 설득하는 과정이 반드시 필요하다. 자신의 생각과 신념, 객관적인 책의 장점과 의미를 상대방이 상상하고 출간 여부를 결정할 수 있게 해야 한다. 그리고 이는 출판기획자나 필자, 디자이너 모두에게 필요한 조건이다.

단순히 언변만 좋으면 되는 일이 아니다. 한두 번은 통하겠지만 언변뿐인 프레젠테이션은 결국 그 사람을 언변 좋은 출판 로비스트로 전락시킬 뿐이다.

앞서 설명한 자신의 신념과, 끊임없는 의심과 그것을 극복하려는 노력 등을 객관적인 시각으로 설명하려는 트레이닝이 필요하다. 자신의 신념을 제대로 설명하지도 못하면서, 객관화 과정을 거치지도 못하면서, 그저 '내 생각을 몰라준다.'라고 불만을 갖는 사람은 출판인으로써의 자격이 없다. 자신의 '확신'이 아닌 '신념'을 제대로 표현하지 못한 스스로를 자책하고 극복하려는 노력을 해야 할 것이다.

10

출판기획자에게
정보는 생명이다2

    출판기획자는 현재 종사하고 있는 장르에 따라 크게 세 가지로 구분할 수 있다.

❶ 최신 정보를 빠르게 분석하고 출간 서적에 반영해야 하는…….

❷ 사회의 전반적인 흐름과 트렌드를 완전히 파악함은 물론 미래를 예측하는…….

❸ 사회의 흐름이나 트렌드에는 둔감하나 인적, 데이터 자원이 충실한…….

    물론 이는 '정보'와 '트렌드'라는 측면에서 바라본 분류이다. 첫 번째의 경우는 IT 등의 기술서적 관련 기획자에 해당할 것이고, 두 번째는 실용서, 예술 분야, 세 번째는 수험서, 순수문학에 해당할 것이다.

세 분류의 출판기획자는 자신의 업무 특성에 맞게 정보를 취득하는 일종의 시스템을 구축하고 있어야 한다. 예를 들어 필자가 경험한 IT 서적 분야라면 새로운 프로그램의 버전업 소식이나 베타 버전을 확보하기 위한 루트가 있어야 하며 쉴 없이 새로운 정보와 관련 기술의 흐름을 파악하기 위해 여러 노력을 해야 한다.

필자는 아쉽게도 출판의 여러 분야 중에서 IT 분야 단행본, 자격증 수험서, 디자인 서적, 아동서적, 대학 교재, 경영 실용서 정도만 경험했기 때문에 경험한 범위 내에서 '출판기획자로서의 정보 취득' 방법의 예를 간단히 들어보기로 한다.

다양한 언론매체 구독

B 출판사에서 근무할 당시 신입 출판기획자에게 강요한 것이 있었다.

'매일 주요 일간지와 유명 인터넷 언론의 모든 기사를 읽는 것을 습관화해라.'

'뉴스 등을 읽는 시간을 최적화해라. 출퇴근 시간을 활용해라'

솔직히 필자의 경우, 이미 습관화되어 있는 일이기 때문에 그리 어렵지 않은 일이지만, 다른 신입 출판기획자들은 대단히 버거워했던 기억이 난다.

일상적인 기사들은 언론사마다 큰 차이가 없기는 하지만, 시대의 전반적인 흐름과 새로운 정보를 얻는데 언론매체만큼 좋은 도구는 없다고 생각한다. 단순히 새로운 정보를 얻기보다는 사람들이 어떤 것에 관심을 갖고 있는지, 경제의 업 다운에 따라 어떤 반응을 보이는지 등을 언론매체를 통해 자연스럽게 체득할 수 있다. 물론 언론 기사를 진실이라고 믿는 것은 곤란하다. 그리고 동일한 팩트에 대한 언론사마다 다른 시각에 대해서도 유의해야 한다.

당장 써먹을만한 아이템을 찾는다는 생각보다는 세상에 대한 호기심과 시대가 필요로 하는 서적은 무엇일까를 고민하는 과정은 출판기획자가 세상의 큰 흐름을 벗어나는 것을 방지하면서 동시에 최신 트렌드를 자연스럽게 익히게 만드는 최선의 수단이 된다.

필자가 매일 접하는 언론매체의 예
- 구글 뉴스: 언론매체를 자동 검색해서 정리해 주는 기능이 있어 유용하다.
- 포털사이트 뉴스: 가장 쉽게 폭넓게 기사를 구독할 수 있는 방법이다.
- IT 관련 인터넷 언론사(ZDNET, inews, 전자신문, 관련 잡지 6종)
- 마니아 사이트(클리앙, 뽐뿌, 디씨인사이드, 유용원의 군사 세계 등)

필자의 경우 위와 같은 언론매체를 출퇴근 시간과 출근 직후 1시간, 퇴근 전 30분 정도 할애하고 있다.

물론 인터넷에는 워낙 많은 정보가 노출되어 있기 때문에 금쪽같은 정보와 함께 쓰레기 같은 정보도 많다. 그것을 어떻게 필터링할지는 각자의 몫이겠지만, RSS 등의 서비스를 이용해서 정보를 수집 및 1차 필터링을 해야 한다. 그리고 앞서 소개한 언론매체 등에서 수집한 정보와 상호 보완적으로 이런 웹상의 정보들을 활용하려는 노력이 필요하다.

PART

3

출판기획 그리고
커뮤니케이션

한 권의 책이 만들어지기까지는 무수히 많은 과정을 거치게 된다. 그리고 분야나
상황에 따라 그 프로세스는 많은 부분에서 달라지기도 한다.

01

한 권의 책이
만들어지기까지

한 권의 책이 만들어지기까지는 무수히 많은 과정을 거치게 된다. 그리고 분야나 상황에 따라 그 프로세스는 많은 부분에서 달라지기도 한다.

필자가 경험한 프로세스를 소개하자면 다음과 같은 것들이 있을 것이다. 물론 이는 실무에서 서로 중첩되기도, 생략되기도, 순서가 바뀌기도 한다.

그런 프로세스 상의 탄력성 및 즉흥성은 출판기획자의 경험을 바탕으로 한 판단을 근거로 결정해야 한다. 그리고 이책에서 설명하는 것들은 대부분 이 프로세스 과정에서 일어나는 무수한 일들과 그에 대한 판단, 극복 방법을 다루고 있다.

A 유형: 출판기획자가 아이디어를 창출한 경우

아이디어 생산(출판기획자) ⋯▶ 시장조사를 통한 아이디어 검증 ⋯▶ 저자 구인 ⋯▶ 저자와 아이디어 구체화 ⋯▶ 저자와 계약조건 협의 ⋯▶ 출판 계약 체결 ⋯▶ 원고 집필, 출판기획자의 중간 검토와 컨트롤 ⋯▶ 1차 원고 완료 ⋯▶ 원고 베타 테스팅 ⋯▶ 마케팅 계획 구상 ⋯▶ 원고 수정 및 보완 ⋯▶ 원고 최종 완료 ⋯▶ 마케팅 계획 ⋯▶ 표지, 본문 디자인(레이아웃) ⋯▶ 교정 및 교열 ⋯▶ 인쇄 제작 ⋯▶ 창고 입고 ⋯▶ 마케팅 확정, 실행 ⋯▶ 서점 배본

B 유형: 저자가 먼저 제안한 경우

저자의 제안(기획서, 목차 첨부) ⋯▶ 원고검토, 시장조사 ⋯▶ 진행 여부 결정 ⋯▶ 원고의 보완 작업 ⋯▶ 마케팅 계획 ⋯▶ 원고 최종 완료 ⋯▶ 표지, 본문 디자인 ⋯▶ 교정 및 교열 ⋯▶ 인쇄 제작 ⋯▶ 창고 입고 ⋯▶ 마케팅 계획 확정, 실행 ⋯▶ 서점 배본

C 유형: 영업부를 통해 저자가 확보된 경우

영업부의 판단과 제안 ⋯▶ 서점용 서적으로서의 경쟁력 검토(기획부) ⋯▶ 출간 결정 ⋯▶ 원고 검토 및 보완 ⋯▶ 표지, 본문 디자인 ⋯▶ 교정 및 교열 ⋯▶ 인쇄 제작 ⋯▶ 창고 입고 ⋯▶ 서점 배본

D 유형: 자서전, 출판 대행의 경우

원고 검토 및 계약조건, 시장성 검토 ⋯▶ 출간 결정 ⋯▶ 취재 ⋯▶ 원고 검토 및 보완 ⋯▶ 표지, 본문 디자인 ⋯▶ 교정 및 교열 ⋯▶ 인쇄 제작 ⋯▶ 창고 입고 ⋯▶ 서점 배본

02

출판기획자는
서류가 생명이다

　필자가 아는 출판기획자들 중 상당수는 문서화하는 것 자체를 꺼리는 특성이 있다. 문서로 근거를 남긴다는 것 자체를 무슨 일에 책임이 돌아올까 봐 본능적으로 꺼리거나, 이미 머릿속에 정리된 것을 굳이 문서로 정리하기 귀찮아하기 때문일 것으로 생각한다. 물론 사견이다. 그리고 회사를 이직했을 때 전임자의 컴퓨터를 보면, 도대체 무슨 자료가 어디에 있는지 몰라서 결국은 컴퓨터를 포맷하고 다시 시작해야 하는 경우도 많다.

　출판기획자는 출판 전 분야 인력 중에서 가장 서류화, 체계화, 데이터베이스화에 익숙해져 있어야 한다. 심하게 말하자면 경리부나 관리부에서 할 업무를 제외하고 나머지는 모두 알고 있어야 한다.

출판기획자라면 스스로 원하든 원하지 않든 간에 출판사의 두뇌 역할을 담당해야 한다. 결코 손발에 해당하는 업무를 주 업무로 생각해서는 곤란하다. 회사의 서류 양식을 모두 파악하고 보유하고 있어야 함은 물론, 출간 도서 전체 목록, ISBN 관리, 필자들 및 모든 거래처들의 연락처, 작년 매출액과 손익 등을 알고 있어야 한다. 그리고 체계적으로, 문서로 정리해 두어야 한다. 회사 내의 다른 사람에게 공유가 목적은 아니다. 자신만의 자산으로 정리하고 보유하는 노력을 게을리해서는 안 된다.

물론 단기간에 되는 일은 아니지만 3~4개월만 꾸준히 수집하고 정리해도 충분하다. 그리고 굉장히 많은 데이터인 것처럼 보이지만 정리해서 인쇄하면 얼마 안 되는 양이기도 하다.

이런 출판사의 전반적인 것들을 파악하고, 그런 능력을 인정받기 시작하면 출판기획자로서 역량을 충분히 발휘할 수 있게 되는 기회가 만들어질 것이다. 그리고 그런 토대에서 기획을 하는 것은 출판기획자가 자신의 능력을 제대로 발휘하는데 대단히 중요한 초석이 된다.

자신이 근무하고 있는 출판사의 핵심인력과 일반 직원들과의 차이가 무엇인지를 한번 판단해보기 바란다. 아마도 단순

한 업무능력이 아닌 자신만의 데이터베이스화 그리고 그것을 적재적소에 꺼내서 활용하는 능력의 유무에 따라 인력의 가치가 좌우될지도 모른다.

다음은 최소한으로 갖추어야 할 서류철의 예를 든 것이다. 통상적인 서류철 형태나 컴퓨터의 데이터베이스로 운용을 해서 출판사와 자신에게 적합하도록 만들면 될 것 같다.

서류 양식

출판사 중 상당수는 의외로 제대로 된 서류 양식을 갖추고 있지 못하다. 그리고 서류 양식이 있어도 있는지조차 모르는 경우도 많다. 출판기획자가 '이 양식 만들었으니까 쓰세요.'라고 말한다고 모두 순순히 그 양식을 쓰는 것은 아니지만 보고를 할 때나 공문 발송 시 등 평소에 체계적인 문서 양식을 지속적으로 사용한다면, 그리고 그 양식이 잘 만들어져있다면 아주 자연스럽게 전 직원이 따라오게 될 것이다. 그리고 그 정도라면 사장님이 강제로라도 다른 직원들에게 해당 양식의 사용을 지시할 것임에 틀림없다.

예를 들어 외부발송용 공문, 집필 계약서(매절/인세 구분), 업무일지, 월간 계획, 주간 계획, 단행본 진행 현황표, 신규 기획 아이템 보고서, 내용증명, 집필 시 유의사항(캡처, 개요 번

호, 문체, 워드프로세서 사용 시 유의사항 등)

출간된 도서 목록과 샘플 도서

오래된 출판사 중에 상당수는 출판사 창업 후 도서 리스트가 제대로 정리되어 있지 않다. 설사 있다고 해도 완성도가 떨어진다. 출간서적의 제목과 저자, 정가, 분량 등의 기본 정보는 물론이거니와 판과 쇄를 구분하여 출간 일자, 부수, 인세 조건, 제작처 등을 모두 정리해야 한다. 출판사 내부에 없는 자료나 정보는 교보문고나 중앙도서관 등을 통하면 최소한 정확하지는 않더라도 일관된 기준에 의해 도서 목록을 정리할 수 있다. 그리고 계약된 물류창고를 들러서라도 출간된 모든 서적을 순서대로 영구 보관할 수 있는 방법을 찾아야 한다. 이때 공간이 허락한다면 영구 보관용은 가급적 라벨을 붙여서 책장에 정리하는 것이 좋다.

거래처 명부

출판사는 다양한 거래처와 파트너십을 맺게 된다. 그리고 그중에는 한번 거래한 곳도, 지속적으로 거래하는 곳도 있을 것이다. 그런 거래처들의 연락처, 대표, 실무자 등에 대한 정보와 상호 거래상의 신용상태 등을 정리해두면 당장은 필요하지 않더라도 언젠가는 결정적인 도움을 줄지도 모른다. 사

지속 가능한 출판을 위한
출판기획의 시작

람은 많이 알아두는 것이 인맥 자산이 된다.

작가 명부

출판사는 수많은 작가가 오고 가기 마련이다. 그리고 이 중에서는 지속적으로 책을 출간하는 고정 작가도 있지만, 계약이 안 된 작가, 어느 날 사라진 작가, 분쟁이 있었던 작가, 한 권 집필 후에 잊혀진 작가 등 다양한 유형의 작가가 있다. 그리고 집필 의사를 밝혔다가 연락을 안 하는 작가 아닌 작가도 있다. 출판사의 가장 큰 자산은 '작가'일지도 모른다. 그리고 작가의 다양한 성향을 파악해두는 것은 나중에 경력이 쌓이면 쌓일수록 보물이 된다. 그리고 이 작가 정보는 반드시 자신이 경험한 데이터일 필요는 없다.

필자의 경우 약 800여 명의 작가 정보를 정리해두고 있는데, 이 중에는 간접 경험한 작가들도 상당수에 이른다. 그리고 앞으로 책을 집필할 가능성이 거의 없는 사람에 대한 정보도 역시 소중히 보관하고 있다.

등재부

판매되는 모든 책에는 바코드와 함께 ISBN 번호가 부여되고 국립중앙도서관에 등록되어야 한다. 그리고 이런 등록정보들은 '등재부'라는 양식에 기록되어 국립중앙도서관과 출판사에서 동시 관리해야 한다. 상당수의 출판사는 국립중앙도서관에 등록하는 과정을 게을리해서 등재부가 실제 출간된 현황과 차이가 있다. 그리 많은 시간이 걸리지도 않는 일이므로 틈틈이 등재부 등록과 납본 등을 해두기 바란다.

보다 더 자세한 것은 국립중앙도서관의 서지정보유통지원시스템(http://seoji.nl.go.kr/)에서 검색하면 된다.

3년간 매출액, 손익

좀 민감한 자료지만, 업무상 정식으로 요청하면 거부할 명분도 없다.

출판사의 전체적인 손익 구도와 몇 년 동안의 매출액 변화 등은 기획을 하는데 아주 중요한 자료가 된다. 종종 회사의 규모나 전체적인 색깔, 영업상 특성 등을 고려하지 않고 자신의 신념을 주장하는 출판기획자들이 있는데 자신이 소속된 출판사의 특성에 맞게 가장 최선의 길을 찾는 것이 진정 제대로 된 출판기획자다. '현실을 무시한 꿈은 망상이다.'

견적서, 제작의뢰서

아직도 출판계는 타 산업분야에 비해 아날로그형식의 팩스 시스템이 상대적으로 많이 남아있는 편이다. 이때 팩스로 주고받는 견적의뢰서, 제작의뢰서 등은 팩스문서의 특성상

지속 가능한 출판을 위한
출판기획의 시작

시간이 지나면 글자가 지워져서 기록으로써의 가치가 없어지기 일쑤이다. 그리고 그때그때 주고받을 뿐 체계적으로 정리를 못해서 나중에 근거 없이 거래처와 분쟁이 일어나기도 한다. 이미 없어진 것은 할 수 없다 해도 시간별, 작업별로 구분해서 정리하는 습관을 들이자.

필자의 경우 전 직장에서 쓸데없는 짓이란 말까지 들어가면서 일반용지용 팩스도 구입했다. 그리고 당시 출판사 대표가 출판사와 같이 운영하는 인쇄소에 견적의뢰서, 작업의뢰서 등의 근거가 없을 경우 대금 결제를 거부하겠다고 공문을 발송해서 출판사 대표를 당황하게 만들기도 했다.

03

하드디스크의
백업

　직장을 옮기다 보면 후임자가 가장 곤란한 문제가 '전임자와의 업무 인수인계'이다.

　일부 출판기획자들의 경우 컴퓨터를 자신만 알아볼 수 있다고 자랑스럽게 말하는데 이는 아주 잘못된 생각이다.

　최소한 출판기획자라면 그가 작성한 문서나 사용하는 컴퓨터에 '보편타당성의 원리'를 지켜야 한다. 거창한 말처럼 들리지만 결국 '제3자가 봐도 바로 이해할 수 있는……' 것을 의미한다. 제3자가 봐서 기밀사항이 유출될 우려가 있다는 반론도 마땅치 않은 궤변이다. 컴퓨터 BIOS LOCK이나 Windows의 기본 보안 기능만 써도 기밀이 유출될 가능성은 거의 0%에 가깝다. 최소한 정신없이 데이터를 어딘가에 저장

지속 가능한 출판을 위한
출판기획의 시작

하는 것보다는 훨씬 덜 위험하다.

참고로 필자의 경우 다음과 같은 폴더를 바탕화면의 '내 문서'에 등록시켜 사용하고 있다. 만약 저장할 데이터가 많을 경우, NAS 시스템이나 클라우드 등에 분산시키기도 한다.

필자의 방법이 최적인지는 알 수 없지만, 그리고 출판사마다 상황이 다르겠지만, 자신만의 그리고 체계적인 시스템 관리와 백업은 출판기획자라면 그 누구보다 철저해야할 것이다.

내 문서

└ 서류 양식: 계약서 등의 출판사 공통 서류 양식

└ 작가: 프로필, 예상 목차, 작가의 기획안 등을 '작가' 단위로 구분

└ 디자이너: 프로필, 포트폴리오를 '디자이너' 단위로 구분

└ 기획안: 구상 중인 기획 아이템, 시장조사 결과 보고서, 세부 기획안 등

└ 공문: 외부 거래처 또는 협력사들과 주고받은 온라인 공문서

└ 메일 백업: 각종 메일들을 일주일 단위로 파일백업

└ 메신저 백업: 작가, 디자이너와의 메신저 대화를 자동

저장

ㄴ 원고: 단행본 기준으로 하위 폴더를 만들어 구분

ㄴ 등재부_제작: ISBN과 출간된 도서 목록, 제작 관련 자료 등

ㄴ 참고 자료: 도움이 될 만한 메일, 웹페이지, 문건 등을 저장

ㄴ 회의 기록: 회의 시 지시사항, 결재 받은 사항을 년/월/일/시/까지 표기

ㄴ 공유 폴더: 편집팀 등 타 부서와 데이터를 주고받는 용도로 사용

04

'작가가 왕'인 세상이
오고 있다

한참 전의 일이긴 하지만 모 방송국 PD와 우연한 술자리를 할 기회가 있었다.

택시에 같이 합승했다가 죽이 잘 맞아서 포장마차에서 새벽까지 술잔을 기울이면서 이런저런 이야기를 나누었다.

그의 말을 빌자면, 예전에는 PD가 무소불위의 권력자였다고 한다. 하긴 캐스팅을 위해 신인 여배우가 성상납된 사건으로 사회적인 물의를 일으킨 것이 아주 오래전의 이야기는 아니니 빈말은 아닐지도 모른다. 그러나 유명 연예인을 확보한 대형 매니지먼트사들이 등장하면서 방송국의 문화, 권력구조가 전세는 완전히 뒤바뀌었다고 한다.

이제는 캐스팅을 위해 무릎을 조아리고, 섭외할 배우를 만나러 자비를 털어서 외국까지 달려가서 눈물로 호소하는 일도 그리 신기한 일은 아니라고 한다. 분위기가 많이 달라진 모양이다.

출판에도 PD에 해당하는 출판기획자(또는 진행자)가 있고, 작가는 배우에 해당할 것이다. 그리고 그 두 사람 사이에는 좋은 책을 만들기 위해 무수히 많은 일들이 일어나기 마련이다. 그리고 출판계도 방송계와 같이 최근에는 '작가가 왕'인 세상으로 조금씩 바뀌고 있다.

사실 이는 긍정적인 현상이라고 할 수 있다. 필자가 가장 오랫동안 경험한 IT 분야만 하더라도 '전문 작가'가 등장한 것은 그리 오래되지 않았다.

컴퓨터를 잘하고 글 솜씨가 좀 있는 사람들이 아르바이트 삼아 책을 쓰든지, 아니면 자신의 지식을 책으로 남기기 위해 간헐적으로 하는 것이 대부분이었다. 그러나 점차 작가들의 경험이 쌓이고, 일부 지각 있는 대형 출판사에서 적극적으로 전문 작가를 양성함에 따라 이제는 전문 작가라 할 만한 사람들도 제법 보이기 시작했다.

문제는 이런 진정한 '전문 작가'와 스스로를 과대포장이나 착각하는 '그냥 작가'들을 구분하기 어렵다는 점이다.

단순히 출판기획자가 '전문 작가'를 판단하기 어렵다는 말

지속 가능한 출판을 위한
출판기획의 시작

이 아니다. 작가들 스스로 자신이 '전문 작가'인 양 착각하는 경우가 많다는 말이다. 이는 아직 과도기이기 때문이라고 위안하긴 하지만 상당히 심각한 문제가 된다.

최근 실용서 베스트셀러 중에 몇 년이 지나도 의미가 있을 만한 책이 몇 권이나 되는가? 그중에 국내 집필 도서는 또 얼마나 되는가?

냉정히 말해서 작가 혼자 잘났다고 베스트셀러가 되는 상황이 아니다. 작가와 출판기획자는 물론 디자이너, 영업자 등의 아이디어와 콘셉트, 그리고 절묘한 출간 타이밍이 베스트셀러를 만들어내는 것이다. 아마도 지금까지 출판사 위주의 실용서 분야에 점차 전문 작가가 등장하면서 일어나는 과도기 현상이라고 스스로 위안하긴 하지만, 최근에 자신이 뛰어난 작가인 양, 출판계의 흐름을 꿰고 있는 양 착각하는 실용서 작가들이 늘어나는 것은 결코 출판계나 본인 스스로에게 바람직하지 않다.

뛰어난 작가는 결코 자신을 과장하거나 착각하는 법이 없다.

경험을 바탕으로 한 기획과 시장조사, 그리고 냉정한 판단(출판사에 대한)을 할 뿐이다. 그리고 그런 작가를 판단하고,

협력하고, 좋은 결과가 나오도록 프로듀싱하는 사람이 제대로 된 출판기획자이다.

또한 작가들을 제대로 평가하고, 바람직한 방향으로 이끌고, 때로는 과감히 포기할 수 있는 그런 냉철한 판단력과 결단력이 출판기획자들에게는 더욱 요구되는 시기이기도 하다.

지속 가능한 출판을 위한
출판기획의 시작

05

출판기획자와 작가,
누가 리드할 것인가?

    작가와 출판기획자는 서로 협력하고 신의를 지켜야 하는 동반자인 동시에 책을 만드는 과정 내내 서로의 의견을 관철하기 위한 경쟁관계이기도 하다. 그리고 양쪽이 협력해서 좋은 방향으로 나가기보다는, 부득이하지만 한 쪽이 리드를 하는 경우가 많다.

A 유형: 기획자 의존형

    작가가 집필 경험이 부족하거나 출판기획자의 세부적인 계획대로 집필하는 경우에 해당한다. 출판기획자의 업무상 과부하가 많으며, 작가는 상대적으로 수동적이다.

    이때, 출판기획자는 작가의 능력과 의견 등을 끄집어내서 책에 긍정적으로 영향을 미칠 수 있는 방법을 부단히 찾아야 한다. 극단적인 형태의 실용서나 IT 입문서 등이 이에 해당한다.

B 유형: 작가 의존형

작가의 지명도가 높거나, 순수 문학, 맞춤형 출판, 자가 출판 등에 해당한다. 작가가 내용이나 편집상의 중요한 부분을 결정하는데 영향력이 강한 것이 특징이다.

이런 경우 출판기획자는 작가의 서포터 역할이 강하며 '작가가 원하는 책'을 만드는데 필요한 진행자가 되어야 한다.

단, 이런 경우도 출판기획자는 충분한 대안과 장단점 등을 작가에게 제시하여 올바른 결정이 날 수 있도록 해야 한다.

C 유형: 전투 불사형

작가와 출판기획자가 의견 차이가 많은 경우다. 사실 액면 그대로는 문제 될 것이 없는 유형이다. 사람이란 서로 생각이 다르기 마련이고 출판이라는 특성상 이는 바람직한 방향이 될 수도 있을 것이다. 그러나 사람의 감정이라는 것이 어디 그러한가? 서로 업무상 의견 차이가 결국은 감정적인 대립으로 이어지기 십상이다. 결국은 양쪽 모두 손해가 된다. 이런 경우 전에도 언급한 바와 같이 '사전에 업무 권한을 명확히 하기'와 '어떤 것을 양보할 것인가에 대한 판단력' 이외

지속 가능한 출판을 위한
출판기획의 시작

에는 대안이 없다.

D 유형: 완벽한 분업형

시인이나 소설가 등은 출판의 여러 분야 중에 한 축을 담당하는 전문인이라고 할 수 있다. 그러나 요즘 유행하는 실용서 분야에서는 아직 제대로 된 전문 작가를 찾기가 쉽지 않다. 대부분은 자신의 업무나 직업이 따로 존재하는 상태에서 자신의 경험을 담을 원고를 집필하는 경우가 다수를 이룬다. 또는 전문 출판기획자가 작가에게 원고를 의뢰한 후 그 원고를 다듬고 수정하여 한 권의 책을 만들기도 한다. 다행히 최근 들어 실용서 분야에서도 전문 기획집단이나 작가가 등장하고 있다.

필자가 근무했던 출판사에서도 그런 전문 인력들과 자주 일을 하고 있는데 이런 전문 인력과 일을 할 때는 상호 업무 영역이 분명하다는 장점이 있다.

원고의 사전 기획이나 특징, 샘플 원고 단계까지는 상호 의견 교환을 하지만 그 이후부터는 각자 자신이 맡은 일에 매진할 수 있어 책의 퀄리티를 높일 수 있는 가능성이 크다고 할 수 있다. 그리고 필자의 개인 소견으로는 앞으로 이런 전문 인력의 양성을 통해서만 출판시장의 활성화가 가능하다고 믿는다. 물론 대형 출판사가 아닌 경우, 도입하기 어려운 시스템이라는 문제는 함께 풀어야 할 숙제로 남겠지만 말이다.

선무당이 사람을 잡을 수도, 살릴 수도, 있다

필자도 원고를 쓰는 일로 시작해서 출판기획자까지 이르고 있긴 하지만 작가들 중 자신의 출판 경험이 가장 보편적인 방법인 양 착각하는 경우가 많다. 그리고 처음 책을 쓸 때 제대로 된 방법으로 배우지 못해서인지 이상한 습관을 가진 작가도 제법 많다.

문제는 이런 자신만의 경험과 습관을 출판사나 기획 실무자에게 강요할 때 일어난다.

실제 예를 들어보자.

원고도 쓰고 편집도 내가 할래요

디자인 관련 서적을 출간할 경우 작가의 요구 사항은 구체적이고 의사가 분명한 경우가 많다. 물론 이런 요구 사항 자체는 별문제가 안 된다. 그러나 아예 작가가 자신의 원고를 직접 편집하거나 표지 디자인을 하겠다고 할 경우는 잘못하다간 심각한 문제가 발생하기도 한다. 물론 원고 내용을 가장 잘 아는 사람은 작가이기에 가장 편집 디자인을 잘 할 수 있을지도 모른다. 그러나 그것이 '주관적'인 판단의 늪에 빠지면 그 책은 '실험 정신에 불타는……' 어설픈 예술작품이 돼버릴 가능성이 다분하다. 또는 '자기합리화'의 늪에 빠져서 교정이나 레이아웃 등의 기본이 부실한 책으로 전락할지도 모른다.

디자인 인력이 부족한 출판사나 아웃소싱을 즐기는 대형 출판사의 경우 이런 사례를 통해 대형 인쇄사고가 발생하기도 하는데 실무자는 출판사의 여건을 고려하여 '문제를 최소화'하거나 '책임 소재의 명확화'가 가능하도록 최선을 다해야 한다.

내가 정한 대로 편집해서 출판하면 틀림없다

디자이너는 아니지만, 자신이 책의 레이아웃이나 디자인을 보는 판단력이 탁월하다고 생각하는 경우다. 만약 작가의 판단이 옳다면 좋은 책을 만드는데 큰 도움이 되겠지만, 출판사의 고유 결정 권한에 문제가 생길 수 있으므로 권할만한 것은 아니다.

인기 작가나 대학교수의 경우 이런 작가들이 상대적으로 많은 데, 실무자로서는 어떤 면에서는 편하지만, 기피하고 싶은 대상일 것이다. 문제는 작가의 판단이 주관적인 착각인 경우다. 필자의 경우 전에 모 대학교수의 교재를 진행한 적이 있었다. 그 교수는 책의 줄 간격, 여백, 판형, 글꼴 등은 물론 편집 디자인까지 자신이 원하는 프리랜서에게 맡겨야 한다고 주장했었다. 그리고 그런 주장은 출판기획자도 모르는 사이에 출판사 대표로부터 허락을 받았었다.

그래서 나온 결과물은 마치 1970년대 초반에나 볼 수 있는 한 줄의 문장에 글꼴이 4개씩 사용되기도 한, 출판기획자 입장에서 보면 기괴한 구닥다리 책이었다.

필자는 결국 사장님께 "책을 내실 거라면 판권의 '기획 및 진행자' 이름을 다른 사람으로 표기해달라"는 완곡한 출간 반대 의사를 밝혔고 우여곡절 끝에 그 책은 다른 출판사에서 출간되었다. 아마 교재나 수험서 등을 출간하는 출판사에서는 흔히 겪고 있는 사례일 것이다.

출판사의 분위기가 이런 문제에 대해 심각하게 생각하지 않거나 '실무자가 알아서 하겠지'라고 넘어가는 오너라면 뾰족한 대안이 없는 것이 사실이다. 그리고 그런 일들이 실무자들을 점점 수동적이고 공무원처럼 만드는 것은 출판사 미래 가치에도 심각한 문제가 된다.

06

출판기획자와
디자이너와의 관계

개인적으로 출판기획자는 콘셉트 설정자로, 디자이너는 콘셉트를 구현하는 사람이라고 정의하고 있다. 그러나 현실적으로는 그리 맞는 정의라고 할 수 없다. 역학관계 등에 따라 한쪽이 일방적인 우위에 있는 경우가 다반사이기 때문이다. 그러나 디자인이라는 것은 결코 정답이 존재할 수는 없다. 필자의 경우 중간 결정권자의 입장이지만 스스로를 비판하자면, 많은 디자인 결정권자가 착각하는 것이 자신의 판단이 정답에 가깝다는 확신이다.

물론 출판사 나름대로 고유한 콘셉트나 규칙이 있을 수는 있지만, 자신의 '확신'을 고의가 아니라 할지라도 디자이너에게 전달하는 순간, 그 순간부터 디자이너는 창의력보다는 적응력을 발휘할 수밖에 없음을 명심하자. 그리고 그런 디자인 결과물을 보면서 결정권자(출판기획자 등)는 또한 불만이 생기지 않을 수 없을 것이다.

"너무 평범하지 않나?"

"성의가 없는 것 같은데?"

"좀 다른 표지하고 확 다른, 고급스럽게 못하나?"

대부분의 결정권자들은 못 느끼기도 하지만, 의뢰한 디자인 결과물이 평범하게 느껴지고 성의가 없어 보이기까지 만든 1차적인 이유와 책임은 자기 자신에게 있다.

자신의 확신을 디자이너에게 전달해버리면 결국 디자이너는 거기에 얽매이지 않을 수 없고 그 결과물은 결정권자에게 만족스러운 결과가 아닌 창조성이 떨어지는 것이 된다. 그리고 수레바퀴처럼 맴도는 악순환이 일어나게 되는 것이다.

디자인 의뢰자 또는 결정권자는 일단 자신들이 원하는 콘셉트를 가급적 구체적으로 설명하기 위해 노력을 아끼지 말아야 한다. 그리고 그 콘셉트는 분위기나 목적, 유사 디자인의 예 등을 전달하는데 그쳐야지 디자인 자체에 제한을 두는 일은 일단 삼가 해야 한다.

최소한 디자이너에게 콘셉트를 바탕으로 창의력을 발휘할 기회를 한 번은 제공해야 한다. 참고로 필자는 표지 디자이너가 1차 시안을 가져오면 가장 먼저 하는 말이 '이 디자인을 나에게 설득해 보세요.'였다.

물론 현실적으로 무제한으로 기회를 줄 수는 없겠지만, 한 번 정도 창의력을 발휘한 결과물을 보면, 이 디자이너가

"창의성보다는 구체적인 요청에만 충실한 사람인지……."

"의뢰자의 콘셉트보다는 자신의 창의력을 강조하는 사람인지……."

"디자인 감각은 부족하지만, 무난한 디자인은 가능한 사람인지……."

등이 파악될 수 있을 것이다.

그 이후에는 그 판단에 맞게 디자이너를 리드하여 원하는 결과물을 도출한다. 그리고 이런 방법이 효율적이고 출판사나 디자이너 개인이 발전하는 기회를 만들어 줄 것이다.

다시 한번 말하지만 디자인은 정답이 존재하지 않는다. 정답에 근접하려 노력할 뿐, 작업 의뢰자나 디자이너는 서로의 생각에 귀를 열고 상호 간에 빠른 판단을 통해 효율적인 작업이 될 수 있도록 부단한 노력해야 한다. 그리고 그 과정 속에서 일어나는 수많은 시행착오를 다음에 반복하지 않아야 한다.

"명작은 결코 디자이너 혼자서 만들어지는 것이 아니다. 의

뢰자의 콘셉트와 디자이너의 창의력이 절묘하게 결합된 최상의 결과물이다." 라는 말을 전하고 싶다.

07

출판기획자와
제작자와의 관계

출판 과정 중에서 제작자는 엔지니어의 역할을 담당한다.
어쩌면 문화적인 색채가 강한 출판 분야 중에서 가장 이
질적인 업무를 수행하고 있는지도 모르겠다. 그러나 출판기
획자의 기획의도도, 디자이너의 창의력도, 작가의 원고도 모
두 제작자의 손을 거치지 않고는 결코 결과물로 만들어지
지 않는다.

출판기획자나 디자이너들 중에 상당수는 제작 업무에 대
해 자신은 몰라도 된다고 자신 있게 말하기도 한다. 사실 부
끄러운 생각이다. 이는 그들의 자신감 있는 태도와는 달리 대
단히 심각한 문제다.

결코 제작은 '편집해서 넘기면 알아서 하겠지~'에 해당하

는 일이 아니다. 전문 제작자만큼의 노하우를 익히는 것은 불가능하겠지만, 조금만 관심을 가지면 출판기획자로서, 디자이너로서 알아야 할 제작 관련 정보를 익히는 것은 그렇게 어렵지 않다.

필자는 아주 한참 전에 근무했던 출판사에서 인쇄 제작 업무를 아주 정확히 배울 기회를 스스로 거부한 적이 있었다.

물론 기획 업무에 대한 의욕이 가장 큰 이유겠지만, 백번 무난하게 해도 한번 실수하면 눈에 확 띄는 것이 제작 업무의 특성이라고 생각했기 때문에 기피했음을 고백하지 않을 수 없다. 그것이 지금까지도 후회막급 한 기억으로 남아 있다.

아마 그때 인쇄업으로 시작해서 출판사를 일구신 사장님에게 제작 과정과 각종 계산법을 제대로 배웠더라면, 물론 전문 제작 담당자로 전업하게 되지는 않았겠지만 좀 더 좋은 출판인이 되는 아주 튼튼한 초석이 되었을 것임에 틀림없었을 것이다.

출판기획자든, 디자이너든.

"제작이요? 그거 알아서 다 해주던데요?"라는 말은 정말 해서는 안 된다. 최소한 창피한 일이라는 것은 알고 말해야 한다.

08

출판기획자와
작가 간의 신뢰 관계

종종 기사화되곤 하는 매니지먼트사와 연예인 사이의 분쟁을 보면서 속사정까지 알 까닭이 없겠지만, 상호 간의 신뢰가 얼마나 중요한지 새삼 깨달을 수 있었다.

출판기획자의 주 고객은 역시 '작가' 또는 '저자'로 불리는 사람들이다. '계약'이라는 범위 내에서 작가는 원고를 집필하고, 출판기획자는 프로듀싱, 매니지먼트를 담당하게 된다. 그러나 신뢰가 없다면, 수 천 쪽에 걸친 계약서를 작성한들 서로를 믿고 일하기는 어렵다.

예전에 A라는 필자와 상호 신뢰 문제로 계약 직전에 결별한 경험이 있었다.

계약서 문구 하나를 수정하면 되는 일이었지만, 그리고 실무적으로 그리 어려운 일도 아니었지만, '이런 정도의 신뢰라면 같이 일하기는 어렵다'라는 판단이 들어 상호 양해 하에 계약을 하지 않았었다.

 출판사마다 계약 형태는 제각각이다. 그리고 계약 형태나 조건 등에는 출판사 입장에서 불가피한 것도, 개선해야 할 점도 있을 것이다. 출판기획자는 자신이 소속된 출판사의 계약 조건 자체는 물론 그런 조건이 정해진 과정도 충분히 이해하고 작가를 설득할 수 있어야 한다.

 물론 감언이설로, 가능성 없는 공약 남발을 하는 것은 금물이다.

 또한 출판사의 계약 조건 등에 불합리한 점이 있으면, 출판사 여건상 그것이 개선될 수 있는 것이라면, 상급자나 출판사 사장님께 적극 건의하여 개선하려는 노력도 의무라 할 수 있다.

 단, 상대방이 출판사를 신뢰하지 못하고 그것을 개선할 방법이 없다면 감언이설이나 이면 계약을 하기보다는 과감히 포기할 용기도 있어야 한다. 물론 명확한 판단을 바탕으로 결정해야 한다.

 때로는 필자에게 극단적으로 유리해 보이는 계약을 해야 할 수도 있을 것이다. 때로는 성패 여부가 불투명한, 그런 계

지속 가능한 출판을 위한
출판기획의 시작

약 여부를 결단해야 할 수도 있을 것이다. 때로는 필자와 출판기획자 간의 극단적인 감정대립 상황에서도 계약을 성사시켜야 할지도 모른다. 그리고 상호 간에 극복하기 어려운 신뢰의 부재가 있을 수도 있다.

어떤 결정을 하든, 그 결과가 무엇이든, 출판기획자라면 최소한 앞으로의 상황과 손익 등을 빠르게 판단하고 냉정한 결정을 해야 한다. 그것이 출판기획자의 할 일이다. 결과적으로 성공했느냐 실패를 했느냐는 그다음의 문제다.

'필자의 화려한 언변에 휘둘려 한 계약이라 후회와 고민 끝에 어쩔 수 없이 출간해서 베스트셀러가 되는' 경우보다는 '당시로써는 합리적인 판단 끝에 계약을 포기했지만, 다른 출판사에서 큰 성공을 거두는 것을 보면서 후회하는' 것이 장기적으로는 출판기획자의 성장에 도움이 될 것이다.

09

작가는 어떻게
판단해야 하는가?

출판기획자 입장에서 보면 작가는 크게 다음과 같이 구분할 수 있다.

A 잠재력은 있고 성실하나 당장 좋은 원고를 만들기에는 트레이닝이 부족하다.

B 집필 경험도 있고 성실한 편이나 더 이상 성장 가능성이 희박하다.

C 금전 등의 조건에 집착하는 편이나 그만큼의 능력 역시 갖추고 있다.

D 금전 등의 조건에 집착하고, 경력은 화려하지만 작가로서 하향곡선이 뚜렷하다.

E 원고 내용이나 형태에 대한 신념이 확고해서 출판기획자

가 통제하기 어렵다.

물론 이런 구분과 판단은 출판기획자 스스로의 문제다. 그리고 자신의 판단이 절대적이지는 않다는 점을 늘 명심해야만 '선입견'이라는 함정을 피할 수 있을 것이다.

필자의 경우 저자들이 어느 정도 파악되고 위와 같은 판단이 되면 각각 다음과 같이 대응한다.

A 출판계가 불황일 경우, 부득이하지만 포기한다. 단, 인간관계는 유지하면서 장기적인 안목으로 관리한다.

B 소위 기본적으로 출간해야 하는 원고를 지속적으로 의뢰한다. 감각과 독창성이 필요한 원고는 배제하되 가급적 적극 기회를 준다.

C 인센티브 계약 방식 등을 제안하여 성취의욕을 고취하도록 한다. 선입견을 갖지 말고 대하되, 실적과 그에 대한 보상을 냉정한 시각으로 제시한다.

D 대규모 투자를 요하는 서적은 배제하되, C를 보완하는 방향으로 유도한다. C와 경쟁을 유발하여 매너리즘에 빠지는 것을 최대한 막는다.

E 집필 희망 원고를 검토해서 확실한 가능성이 있는 경우만

수용한다. 트러블이 일어날 경우 어느 선을 마지노선으로 설정할 것인지를 내부적으로 미리 예상, 결정해둔다.

마치 자신의 자서전을 자비 출판하는 양 출판사의 영업이나 매출 등을 고려하지 않거나 무지한 작가들도 의외로 많다.

장기적으로는 절대로 출판사에 긍정적인 작가가 아니므로, 계약 취소가 현명하다. 단, 영업부나 출판사 사장님이 사전 계약 후 진행할 경우는 작가의 문제점과 출판기획자로서의 판단을 명확히 밝혀두어 차후, 책임소재를 분명히 해두어야 한다. 잘못하면 수고만 한 후 책임 전가를 당할 수도 있다.

지속 가능한 출판을 위한
출판기획의 시작

10

출판기획자와
영업 담당자와의 협력 관계

　출판사의 기획부와 영업부는 서로 협력이 절실한 관계이면서도 동시에 마인드가 이질적인 집단이라고 할 수 있다.

　서로의 이런 차이가 서로 보이지 않는 몰이해와 반목을 가져오는 경우를 흔히 볼 수 있다. 그리고 영업부가 중시되는 출판사와 기획부가 중시되는 출판사는 동일 장르 출판사라 할지라도 출판사의 색깔이 판이하게 다름 역시 알 수 있다.

　사실 특별한 해결 방법은 없다. 또한 이런 서로 다른 점이 서로 경쟁하고 발전할 수 있게 하는 긍정적인 요인이 될 수 있는 것도 사실이다. 하지만 상대방의 업무에 대해 이해하고, 협력하려는 마음을 가지지 않는다면 결국 부서 간의 파워게

임만 남을 뿐이다.

흔히 상당히 주목받던 출판사가 부진해지는 경우를 보게 된다. 이는 기획부와 영업부 사이의 파워게임에서 어느 한쪽이 일방적인 승리를 거둔 이후부터 몰락이 시작되는 경우가 많았음을 명심하자.

영업자	기획자
결단이 빠르고 순발력이 뛰어나다.	신중하며 이성적 판단을 중시한다.
단결력이 좋다. 타 출판사의 영업자들과도 유대관계가 깊다.	단결의 이유가 많지 않다. 모여도 업무 특성상 대화에 제한이 크다.
책이 만들어지는 시스템 자체에는 관심이적다. 출간 시기와 아이템을 중시한다.	영업시스템에 대한 이해가 부족한 편이다.
출판기획자에 대해 내심 말과 이론만 앞세우는 존재라는 선입견이 있다.	영업자를 내심 '인맥'으로만 먹고 사는 단순 무식한 존재라는 선입견이 있다.
출판기획자가 시장에서 팔리는 책이 어떤 것인지 잘 모른다고 생각한다.	영업자가 매번 뻔한 책만 만들라고 한다는 선입견이 있다.
기획부에서 팔릴 만한 책을 제발 만들어 주기를 기대한다.	자신이 열심히 만든 책을 영업부가 잘 팔아 주기를 기대한다.

11

경력 출판기획자의
재교육

처음 출판기획을 하는 사람들은 최소한 기획 과정이 익숙해질 때까지는 충분한 경험이 쌓이기 전까지는 소위 'FM'대로 일을 하는 습관이 중요하다. 그리고 경험과 업무의 숙련도가 쌓이면 나름대로의 업무 프로세스가 확립될 것이다. 그러나 문제는 경험이 쌓이면서 나태해질 우려도 높아진다는 점이다. 신입 출판기획자에게는 중요성을 강조하면서 자신 스스로는 생략하거나 또는 경험에 의존하는 등의 일이 잦아지는 것이 문제. 그리고 다른 사람의 조언을 구하기보다는 자신이 하는 일을 감추려는 소위 '알지도 못하면서 간섭하려는' 사람들을 경계하려는 심리가 강해진다.

필자의 경우 이런 경력자 특유의 문제를 경계하고자 다음과 같은 족쇄를 스스로 마련해 두고 있다.

업무 일지 작성

일정 경력 이상의 출판기획자는 대개 업무일지를 작성하지 않거나 대강 작성한다. 그리고 회사에서도 대놓고 무성의하지 않는 한 대충 넘어가는 경우가 많다.

필자의 경우 스스로 업무 현황을 감시하기 위해 일정관리 프로그램을 활용한다. 물론 내용은 어느 누구에게도 보여주지 않지만, 최소한 일정 시간이 지난 후, 스스로의 일정을 돌아보면 그 기간 동안 열심히 일했는지 아니면 시간을 낭비했는지 반성할 수 있는 기회가 된다. 남들의 눈을 신경 쓰지 않는 나만의 '비밀 업무노트'를 가지고 있는 것은 스스로를 솔직히 평가하고 반성할 수 있는 계기가 된다는 점에서 경력 출판기획자에게는 유용한 회초리가 된다.

상부에 업무 보고

필자의 경우 업무 사항들은 대부분 구두로만 상부에 보고해도 된다. 업무일지만 빽빽하게 써서 제출하면 누구도 뭐랄 사람은 없다. 그러나 가급적 모든 업무를 서류로 보고하는 습관을 들이려 애쓴다. 어쩌면 스스로 무덤을 파는 행위가 될 수도 있지만, 그런 습관은 스스로를 상당히 긴장시키는 효과와 업무를 체계적으로 하게 만드는 효과가 있다. 또한 상급자와 업무상 커뮤니케이션이 원활해지기도 한다.

지속 가능한 출판을 위한
출판기획의 시작

지나치게 과장된 보고서나 과다한 시간을 보고서에 투자하는 등의 일은 자신의 무덤을 파는 일임을 명심해야 한다.

장기, 단기 계획 수립

경력자들은 대부분 평상시 업무는 특별히 힘들이지 않고도 처리할 수 있는 사람들이다. 그리고 그렇게 편안하게 일하다 보면 시간이 아주 잘 흘러가는 것을 느낄 것이다. 하지만 그렇게 경험에만 의존하면, 새로운 것에 도전하지 않으면, 언젠가는 한계에 봉착할 것이 틀림없다.

필자의 경우 매년 11월 즈음에 나만의 1년 또는 6개월 단위의 업무 계획을 수립한다. 물론 아무한테도 보여주지는 않는다. 혹시 회사에서 연간 계획을 보고하라고 하면 회사에서 욕먹지 않을 정도의 계획을 별도로 준비해서 보고할 뿐, 나만의 비밀 장기 계획표는 공개하지 않는다.

아래는 회사에 보고하는 연간 보고서의 한 예이다.

〈예제 1〉 회사 보고용 연간 계획: 2021년 말 기준

① 2021년도 자체 업무 평가: 매출액, 손익, 출간서적 분야 분석, 성공 사례와 실패 사례 분석.

② 2022년 출판 시장 예상: 최근의 타 출판사 출간 경향, 포괄적인 흐름, 새로운 콘텐츠 등

③ 2022년도 업무 목표: 매출액, 중점 출간 분야, 현재 진행 중 서적의 스케줄, 신규 기획 아이템.

④ 세부 사항: 재무제표, 거래처별 원장, 제작처 결제, 기 출간 도서 목록 및 개별 판매량 등

⑤ 건의 및 개선 요청 사항: 건의해도 목숨이 위태롭지 않는 범위에서 오너를 즐겁게 할 만한 아이템을 짜낸다.

아래는 필자의 장기 계획표의 예이다.

〈예제 2〉 개인용 연간 계획: 2021년 말 기준

① 수행한 업무 내역: 기획 및 진행한 서적량, 판매량, 기타 업무
(직원 채용 등).

② 판매 루트 분석: 서점과 교재 등으로 분석.

③ 필자 및 거래처 분석
 • 박미선: HTML, 스크립트 언어 전 분야 집필 가능, 가정문제
로 당분간 집필 곤란.
 • 이지영: JAVA 분야 집필 가능, 능동적 사고방식, 앞으로 기
대됨.
 • 김홍길: 어학전문 출판기획팀, 알아서 잘함, 업무상 리스크
발생 요인 적음.
 • 최길우: 실용서 전문 기획자, 박미선씨와 동일한 문제점 있
음.

④ 회사를 위한 개선사항
 • 디자인 레이아웃 결정시 경영자의 아집을 배제할 수 있는 방
법 절실.
 • 최근 원고료 압박의 문제 해결 방안: 매절 계약으로 전환 등
 • 영업부의 장부 조작 문제 심각, 3가지 대안 중 '사직' 유도

⑤ 상반기 중 출간 스케줄(현재 진행 중 서적)

⑥ 하반기 출간을 위한 신규 아이템
 • 누드 화보집 시리즈 (가급적 진행 희망, 박 부장의 반대 예상
됨, 극복 방법)
 • 안드로이드 프로그래밍 시리즈(비전 암울함, 영업부의 강요
심함)

⑦ 새로운 필자, 기획팀 발굴 아이디어
 • 김영철, 박길동
 • 출판기획 북스타, 출판기획 인규레이

⑧ 건의 사항 및 개선 사항
 • 영업부 장부 서류 조작자 전원 교체
 • 출판사에 도움 안 되는 인맥으로 버티는 4명의 필자 교체
 • 사내 노후 컴퓨터 교체

12

많은 사람들과의
커뮤니케이션을 즐겨라

가급적 다양한 사람들과의 좋은 인연을 이어나가는 것이 얼마나 중요한지는 이미 다들 알고 있을 것이다. 하지만 실천에 옮기는 사람은 의외로 드물다. 필자는 최근까지만 하더라도 소위 '출판계는 바닥이 좁다.'라는 말을 알면서도 그리 실감하지 못했다. 월급 등을 이유로 직장을 옮긴 기억은 없지만 소위 젊은 혈기에 회사의 불합리함에 저항하다 퇴사당한 경험은 제법 있는 편이다.

좋게 말하자면 좋고 싫음이 분명한, 그리고 공과 사는 아주 칼처럼 구분하려고 했었다. 그렇다 보니 다른 사람한테 욕을 먹을 일은 없어도 교우관계는 대단히 부족했었다. 그리고 싫은 사람에게는 싫은 티를 팍팍 내는 그런 사람이었

지속 가능한 출판을 위한
출판기획의 시작

던 것 같다.

물론 지금이라고 180도 바뀐 것은 아니겠지만, 가급적이면 싫은 사람이라 할지라도 서로 등을 돌리지는 않으려 노력한다. 단, 그 사람이 나를 쉽게 보거나 적대적으로 대하지 않는다는 전제조건이 붙는다. 좋음과 싫음을 잘 표현하지 않는다. 그리고 직장을 옮기거나 서로 일을 하지 않게 되더라도 가급적 최소한의 인연은 놓지 않으려 애쓴다. 이는 단순히 그 사람들이 나에게 무엇인가 도움이 되기를 기대하기보다는 그런 인간관계가 그동안 나에게 부족했음을 알기에 조금씩 노력하고 있다. 다른 분들도 한 번쯤은 자신의 인간관계를 뒤돌아보기 바란다.

PART
4

책 기획 과정에서
고려해야 할 것들

하나의 원고가 완성되는 과정과 유형은 의외로 다양하다. 그리고 그 과정 속에
는 무수히 많은 출판기획자와 필자 간의 의견 교환과, 이견 조정, 불만, 토론 등이
포함되어 있기 마련이다.

01

누가
리드할 것인가?

하나의 원고가 완성되는 과정과 유형은 의외로 다양하다. 그리고 그 과정 속에는 무수히 많은 출판기획자와 필자 간의 의견 교환과, 이견 조정, 불만, 토론 등이 포함되어 있기 마련이다.

A 필자가 자신의 지식이나 감정을 글로 정리하다가 우연히 하나의 원고가 된 경우

B 필자가 자신의 노하우나 지식을 출판 목적으로 오랜 기간 정리한 경우

C 기획자가 정한 구성과, 특징, 콘셉트를 바탕으로 단순 집필한 경우

D 기획자가 제안한 아이템을 바탕으로 필자가 창의적으로

지속 가능한 출판을 위한
출판기획의 시작

집필한 경우

E 출판 상의 영업적인 판단과 이유로 인해 출간이 결정된 경우

F 사장님 측근 등이 집필한 거부할 수 없는 이유로 시장성 등이 무시된 경우

위 유형 중에서 **E**와 **F**는 차라리 맘 편한 경우라고 할 수 있다.

작가가 원하는 제본 형태, 디자인, 가격, 제목 등을 꼼꼼히 확인한 후, 그것을 상부에 최종 보고 후(이때는 반드시 문서화할 것), 결정 사항대로 진행하면 된다.

이때 무리하거나 비현실적인 요구 사항이나 실무자로써 반대 의견이 있을 경우는 작가에게 일단 대안을 제시하되 거부하면 상부에 사실을 상세히 보고 후 결정에 따라야 한다.

A와 **B** 유형은 출판기획자에게 판단력은 물론 순발력을 요구한다.

사전에 생각해둔 아이템이 아니라면, 그 아이템에 대한 최소한의 학습과 함께 빠른 시간 내에 시장성 등을 판단할 수 있어야 한다. 상당수의 출판사들이 범하는 것이 판단을 지지부진하게 끌다가 좋은 원고를 놓치거나, 소위 '장고 끝에 악

수를 두는' 최악의 상황을 자축하곤 한다.

'빠른 판단'과 '성급한 판단'은 종이 한 장의 차이지만, 출판 기획자는 순발력을 발휘하여 '빠른 판단'을 해서 출간 여부에 대한 최종 결정을 할 수 있도록 해야 한다. 그리고 만약 출간 여부를 결정하기 전에 작가가 무엇을 요구하는지, 작가의 성향은 어떠한지, 출판사의 원고 부분 수정 요청에 적극 응할 작가인지 등을 미리 체크해 두어야 한다.

그런 체크를 게을리하면 출간 결정 후, 서로 의견이 맞지 않아 시간 낭비만 반복하다 출간이 취소되거나 양쪽 모두에게 불만족스러운 결과물이 출간될 수 있음을 명심하자.

C 유형의 경우는 작가가 불가피하게 수동적이게 된다.

컴퓨터 입문서 등이 대표적인 예인데 이전에 많이 유행했던 『컴퓨터 이 책만 보면 엄청 쉬워요』 등의 입문서는 300쪽의 책을 위한 세부 기획서가 200쪽 정도로 아주 치밀한 사전 기획과 준비 후, 작가가 그에 따라 집필하게 된다.

필자의 경우 20여 년 전 모 대형 출판사에서 출간한 『컴퓨터 OOOOO』라는 400여 쪽의 컴퓨터 입문서를 기획하고 진행하는 동안 약 300쪽의 세부 기획서와 약 900쪽의 원고를 직접 집필했었다. 그리고 그 당시 베스트셀러가 된 컴퓨터 입문서의 경우 대부분 비슷한 정도의 치밀한 기획서와 무수히 사라진 원고들의 희생으로 만들어졌었다.

마지막으로 D 유형이 있다.

D 유형은 진행과정 속에서 가장 변수가 많은 유형이라고 할 수 있다.

작가는 자신의 책에 애착이 많고 오랜 시간 동안 집필했을 수록 자신의 고집을 꺾기가 쉽지 않다. 출판기획자는 반대로 책의 애정보다는 시장성 등의 대중적인 부분에 신경을 많이 쓸 수밖에 없어 서로 트러블이나 의견 차이가 있기가 쉽다.

02

설득당하는 것을
즐겨라

앞서 상당히 자주 강조한 것들 중에 하나는 '균형감각'이다.

출판기획자는 어떤 경우에도 균형감각을 잃어선 안 된다. 그리고 자기 자신의 의견에 대한 반론도 경청할 줄 알아야 한다.

이는 '귀가 얇은' 것과는 전혀 차원이 다른 것이다.

남의 의견에 쉽게 넘어가는 것이 아니라 자신의 생각에 남의 생각을 편견 없이, 냉정하게 청취하고, 그의 장점을 잘 받아들일 수 있는 균형감각이 필요하다는 의미이다.

필자는 디자이너들에게 자주 이런 질문을 던지곤 한다.

"이 디자인 시안으로 나를 설득해보세요."

디자인은 극히 주관적일 수밖에 없다. 그래서 가급적 편견을 가지지 않고 디자인을 보려고, 그리고 디자이너의 설득에 객관적인 시각을 유지하려 사력을 다한다. 그리고 나름대로 최선을 다한 디자인 시안으로 출판기획자를 열심히 설득하는 디자이너에게 승복 당하는 것을 진심으로 좋아한다. 디자인에 관한한 어떤 관점도 정답일 수는 없기 때문이다.

종종 출판사의 영업 담당자와 기획 담당자가 이런 이야기를 나누기도 한다.

(영업부) 이 출판사처럼 표지 좀 만들 수 없어?
(기획부) 그 출판사도 똑같은 소리 하는 것 알아?
(영업부) 어떤 표지를 만들어야 하는지 모르는 것 같아
(기획부) 그럼 영업부에서 한번 만들어 보지.

(잠시 후……)

(영업부) 얼마나 시원시원하고 제목이 돋보이냐?
(기획부) 제목 글꼴만 크게 하면 되는 줄 알아? 이게 무슨 수험서냐?

출판기획자는 디자이너와 출판사 오너 그리고 영업부 사이

에서 줄타기를 해야 한다. 양쪽의 의견을 다 수렴하는 것은 쉽지 않겠지만 나름대로 공통분모를 만들려는 노력을 해야만 시간적으로나 디자이너의 불필요한 작업을 최소화할 수 있음을 명심하자.

어느 한쪽의 편을 선택하기보다는 양쪽을 적당히 설득해서 공통분모를 찾는 것이 출판기획자의 할 일이기도 하다.

지속 가능한 출판을 위한
출판기획의 시작

03

출판 시장조사는 어떻게 하는가?

'새로운 아이템의 생산'을 구체화하기 위해서는 시장조사가 필수적이다.

여기서 말하는 '시장조사'란 앙케트 조사 등의 일반적인 시장조사와는 방법이나 목적 등에서 상당한 차이를 보이는 특징이 있다.

먼저 경제학 측면에서의 '시장조사'는 비교적 구체적인 데이터로 결과를 도출할 수 있고, 그에 대한 일정 수준의 규칙과 과학적인 분석도 어느 정도 가능하다.

그에 비해 출판 측면에서의 시장조사는 실무자 또는 최종 결정권자의 결심을 위한 비 구체적인 참고 자료로서의 역할이 크다는 차이점이 있다.

종종 일부 출판기획자들의 기획서를 보면 자신의 시장

조사 결과에 대한 일종의 과학적인 근거를 제시하려고 애쓰는 경우가 있는데, 개인적으로는 바람직하지 않다고 생각한다.

논란의 여지가 있겠지만, 출판은 대표적으로 모험성이 큰 '증권'과 비교해도 큰 모험성과 의외성, 비논리성이 특징인 산업이다. 물론 이는 의외성 등이 상대적으로 크다는 것 일뿐, 요행을 의미하는 것은 아니다.

이런 특성을 감안해서 '시장조사'는 최대한 다양한 방법을 동원하되, 절대적인 신뢰를 하기보다는 출판기획자의 주관적인 시각을 경계하는 일종의 마지노선으로만 활용하는 것이 최선이라고 개인적으로 판단하고 있다.

혹시 생각해봤는가?

우스운 일이라 생각할지도 모르지만 베스트셀러의 상당수는 성공 이후에도 성공 사유를 분석하기 쉽지 않다.

요행을 바라고 출간한 서적은 출판계 전체의 독소이겠지만 어설픈 과학적 근거를 통한 출판시장의 분석 또한 또 다른 주관적인 판단이라는 아이러니를 낳을 수도 있다.

객관성을 위해서는 인터넷 서점을 통한 시장 조사를 하는 것도 좋은 방법이다. 자신이 만들고자 하는 도서들의 출간 여부와 함께 판매지수는 어느 정도인지 인터넷서점을 통해 확인할 수 있다.

04

저자의 시장조사는
허구다

출판기획자는 다양한 시장조사와 학습 등을 통해 시장에
서 성공할 수 있는 책, 출판인으로서 반드시 출간해야 할 책
등을 선별하는 판단력을 갖추고 있어야 한다. 그러나 그게 어
디 말처럼 쉬운 일인가?

많은 출판기획자들은 좋은 원고를 놓치고 나중에 후회하
기도 하고, 최악의 원고를 출간하는 실수를 저지르기도 한다.

이에 대해서 정답이나 묘안은 존재하지 않는다. 단지 최대
한 '다양한 각도의 시각'과 선입견이나 편견을 최대한 배제하
려는 '객관적인 자세'만이 최선일뿐이다. 그러나 작가와 이야
기를 나누다 보면 아무래도 작가들의 생각에 끌려가기 쉬울
수밖에 없다. 특히 출판기획자가 생각한 아이템을 작가가 집
필하는 것이 아니라, 작가가 생각지도 못했던 원고를 제안했

을 때 더욱 그런 우를 범하기 더 쉽다.

이는 해당 원고를 얼마나 오랫동안 그리고 애정을 가지고 보아왔는가에 대한 문제다.

작가가 출판사에 사기를 치려는 것이 아닌 이상, 그 원고는 작가의 피와 땀이 그리고 확신을 가지고 만든 결과물일 것이다. 그리고 작가가 언변이나 설득력에 능숙한 경우라면, 출판 기획자는 더욱 냉철한 검토와 판단을 하기 어려워진다.

예를 한번 들어보자. 십여 년 전 출판계 선배가 실제로 겪은 일이다.

A라는 작가는 대단히 화려한 경력을 앞세워서 우리 앞에 나타났다. 그의 홈페이지에는 빌 게이츠와 다정하게 찍은 사진이 있었으며 XX 연구소, XX 협회 등의 우리는 잘 모르는 각종 IT 단체와 화려한 강의 경력을 자랑하는 분이었다. 그리고 마치 수많은 추종자가 있는 것처럼 보였다.

그 당시 그분이 제안한 아이템은 '리눅스 입문서'였다. 그분의 말대로라면 앞으로 리눅스가 윈도 운영체제를 완전히 대체할 것이고 완벽한 리눅스 입문서를 만들 수 있다고 주장했다. 그리고 자신을 따르는 수많은 추종자 중에서 10%만 책을 구입해도 베스트셀러는 보장된다는 주장이었다.

결과론적으로 보면 허풍처럼 들리지만, 그 당시 그 분의 소위 언변은 냉철한 이성으로 무장했던 선배를 완전히 함락시켰고, 결국 그 출판사는 상당한 투자를 해서 그 책을 출간하고 엄청난 손해를 입었다. 사실 그 선배가 너무 칭찬을 해서 한 번 같이 만나보기도 했다. 필자 역시 저자의 언변에 넘어가서 선배한테 대박 나면 모른 체하지 말란 소리까지 할 정도였다. 언변으로는 '63빌딩을 김선달에게 팔아먹고도 남을' 그런 분이었다.

출판기획자들은 이처럼 자신의 원고에 확신을 가진 무수한 작가들을 만나게 된다. 그리고 그 속에서 진짜 보석을 찾아야 한다. 그러나 앞서 말했듯이 '운에 맡길 수도', '무슨 뾰족한 묘안이 있는 것도' 아니다. 그래서 필자는 출간을 제안하는 작가의 경우 다음과 같은 여러 방법을 동원하여 최대한 작가와 원고를 객관적으로 판단하려 노력하고 있다.

빈 수레가 요란하다

첫 인상이 전부는 아니겠지만, 처음 미팅을 가졌을 때 지나치게 달변이거나 확신에 가득한 말을 자주 한다면 1차적으로 경계할 만하다.

설사 그 작가의 말이 모두 사실이라 손치더라도, 그런 작가는 책을 만들어나가는 과정 중에 컨트롤이 쉽지 않다는 점을 감안해야 한다. 그리고 누구나 좋은 책, 많은 독자들에게 어필이 되는 책을 출간하기를 바라지만, 또한 어느 누구도 그것을 장담할 수는 없는 법이다.

만약 그것을 장담하는 필자나 출판기획자가 있다면 그것은 좋게 봐도 '자신의 책 품질에 주관적인 자신감이 있는' 정도에 지나지 않는다.

부정적으로 본다면 '빈 수레가 요란하다.' 거나 '허풍과 착각으로 뒤섞인' 것에 지나지 않는다.

참고로 그동안 베스트셀러&스테디셀러 작가 중에서 자신의 원고를 자랑스레 말하는 사람은 단 한 사람도 못 봤다. 물론 반짝 히트 작가는 예외다.

오히려 반짝 히트 작가 중에서는 자신의 원고의 부족함을 말하는 사람을 한 사람도 못 만나봤다. 물론 필자의 개인적인 편견이길 늘 바란다.

경력사항은 그 사람의 능력이나 사회적 인지도 등을 파악하는 중요 자료이긴 하지만, 결코 '실제 능력'을 완벽하게 검증해 주지는 못한다. 오히려 허울뿐인 경력사항의 함정에 빠지기 일쑤다.

어느 날 작가가 거창한 프로필로 가득한 이력서로 무장한

채, 자신감이 가득한 얼굴로 출간의 문을 두드린다면! 한 번쯤은 그의 프로필을 세심히 확인할 필요가 있다.

실제로 그런 경우를 접한 적이 있었다. A라는 작가의 경우 교육방송에 컴퓨터 그래픽 관련 강의를 하는 것을 비롯해서 거의 얼핏 보면 '우리나라 모션 그래픽 분야의 기둥!'처럼 보이는 프로필을 들고 필자에게 찾아왔다. 그리고 그 당시 출판사 사장님은 그 프로필에 반해서 반드시 계약을 성사시키라는 지시를 했었다.

결론적으로

그의 프로필 중에 그나마 가치가 있는 것은 교육방송에 강의가 나간 것이 전부였다. 그나마 예전에 했던 것을 재방송하는 것일 뿐, 현재는 방송 출연할 예정도 없었다. 그리고 여기저기 강의를 나가긴 하지만 그의 말과는 달리 교재 채택 가능성이 희박했다. 그리고 원고의 내용 또한 잘 썼다고도, 못 썼다고도 할 수 없는 애매한 수준이었다.

단순히 'XX 대학교수'라는 프로필에 감격하기보다는 실제로 어느 정도 수준의 강의를 했는지……. 'XX 디자인 전문 잡지사에서 칼럼 연재'만 보고 글 솜씨를 인정하기 전에 잡지에 칼럼을 쓰는 것이 그렇게 대단한 일인지, 그리고 그것이 책의 품질이나 마케팅에 도움이 될 만한 것인지를 냉정히 판단해야 한다.

화려한 프로필은 없는 것보다는 낫겠지만, 현혹되는 우를 범해선 안 된다.

05

독자의 시각으로
바라보자

평범한 진리지만 나한테 재미없는 원고는 독자에게도 그럴 가능성이 크다. 그러나 만약 원고를 읽고 나서 '뭐 이런 황당한 원고가 다 있어?'라는 생각이 든다면 그 원고는 어쩌면 대박 날 원고일지도 모른다.

일본에서 성공한 어떤 라멘집 사장님은 '나에게 가장 맛있는 라면을 만든다.'라는 신념을 가지고 있다고 한다. 물론 책은 라면과 달라서 보편, 타당성을 갖추어야 하지만, 출판기획자 스스로 확신 없는 원고는 실패 확률이 커질 수밖에 없다.

'재미없는 원고'는 '황당한 원고', '이질적인 원고'와는 구분해야 한다. 출판기획자도 사람이고 사람은 누구나 각자의 취향을 가지고 있기 마련이다. 그리고 워낙 문화적 트렌드가 빠르고 끊임없이 바뀌기 때문에 출판기획자의 맘에 안 드는 원고가 반드시 나쁜 원고라고는 할 수 없다. 그러나 '재미없는……' 원고는 작가가 아무리 확신을 가지고 출판기획자를 설득해도 선택해서는 안 된다.

비록 출판사 상황 때문에 어쩔 수 없이 출간을 한다 하더라도 그런 마인드 자체까지 포기해서는 안 된다.

그런 포기와 자기 합리화, 필자의 언변에 휘말려 중심을 잃는 행동을 반복하다 보면 그 출판기획자는 자신의 판단에 점점 자신이 없어질 것이고, 창조적인 기획보다는 시키는 대로 책을 만드는 단순 진행자로 전락하게 된다. 그리고 이는 차라리 자신의 신념대로 원고를 포기한 후, 다른 출판사에서 성공한 것을 보고 후회하는 것보다도 못한 일이다.

06

자신만의 통계 데이터를 축적하자

소위 '짬밥'이 무서운 점은 능력의 유무와는 무관하게 그만큼 다양한 경험을 축적하고 있다는 것일 것이다.

순수 문학이든 필자가 주로 했던 IT 서적이든 간에 그런 '짬밥'은 능력만으로는 커버할 수 없는 여러 문제를 해결하기도, 천재 출판기획자라도 생각할 수 없는 서적 아이템을 생각해내기도 한다. 그러나 이런 '짬밥'은 체계적이지 않고는 결코 써먹을만한 것이 되질 못한다.

만약 오랫동안 출판기획 일을 했다면 그동안 부지런히 출간 서적들의 흐름을, 그런 데이터들을 수집하고 분석하는 노력을 게을리해서는 안 된다. 자신만의 데이터베이스를 만들어야 한다.

예를 들어 '적은 분량과 가격이 장점인 IT 분야 소책자 시리즈'를 기획한다 해도 우리나라가 20여 년 동안 어떤 시기에 그런 소책자가 어필했는가, 그 시기가 IT 산업의 성장기와 하강기와 관련 있는가, 외국의 경우는 어떠했는가, 이전에 소책자 시리즈가 유행했을 때 어필한 점은 무엇인가, 단순히 분량 적고 가격만 싸게 하면 충분했던가 등 오랜 시간 자신이 축적한 데이터를 바탕으로 기획을 해야 한다.

패션의 유행도 돌고 돈다는 말을 들은 적이 있는 것 같다. '복고풍'이란 말도 그래서 만들어진 것일 것이다.

출판의 흐름과 유행은 패션의 그것과는 조금 성격이 다르지만 분명히 존재한다. 그리고 그 흐름은 돌고 돌 때마다 조금씩 더 발전된 모습으로 그 시대의 콘텐츠를 함축하면서 발전되어 간다.

이런 흐름을 잡기 위해서는 끊임없이 시대 흐름에 호기심을 유지하면서 그 흐름을 분석하고 과거와의 연결고리를 잇기 위해 부지런히 노력해야 한다.

자신만의 통계 데이터를 갖는 것은 결코 머릿속에 헝클어진 상태로 처박으라는 말도, 보기에만 그럴듯한 그래프나 표 등으로 장식한 문서로 만들어 두라는 것이 아니다.

출판기획자마다 방법도, 수단도 제각각이겠지만 남을 보여

주기 위한 것이 아닌, 진정한 통계 데이터를 몸속에, 머릿속
에 축적해야 한다.

07

책의 구성과 서술 방법도
성장을 한다

한 권의 책에는 의외로 다양한 서술 방법이 동원되곤 한다. 그리고 서술 방법이 아닌 구성 스타일의 종류 또한 한두 가지가 아니다.

서술 방법이나 구성 스타일이 가장 다양한 분야는 아무래도 실용서, 아동서적, IT 서적 분야라고 할 수 있다.

이제는 보편화된 '예제 따라 하기' 방법을 포함한 다양한 구성 스타일이 사용되고 서술 방법 또한 상당히 다양한 편이라고 할 수 있다.

이런 서술 방법과 구성 스타일은 그대로 적용만 하면 되는 것이 아니다.

소위 '몸에 맞는 옷'이 아니면 아무리 좋은 옷도 빛을 발하기 어려운 것처럼, 어느 정도의 시간을 통해 특정 주제나 장르에 맞게 조금씩 변화되고 자연스러워지는 시간이 필요하게 된다.

예를 하나 들어보자.

IT 서적의 가장 보편적인 서술 방법이자 구성 스타일은 '예제 따라 하기' 방식이다.

이제는 요리책에서 사용되고 있을 정도로 보편화된 방법이긴 하지만 이 서술 방법이 처음 들어왔을 때는 외국 출판사의 출판기획자를 초빙해서 나름대로의 노하우와 유의사항들을 상당 기간 동안 트레이닝을 거쳤었다.

뭐 대단한 서술 방법이라고 외국 출판기획자를 초빙까지 했느냐고 이제는 말할지도 모르지만, 그 당시만 해도 체계적으로 트레이닝을 받은 실용서 분야 출판기획자가 거의 전무한 상태에서, 새로운 서술 방법을, 구성 스타일을 만들어내는 것은 그리 간단한 일이 아니었다. 그러나 소위 '예제 따라 하기' 방식에 대한 노하우가 충분히 축적되어 이제는 일본이나 대만 등의 실용서 분야가 발달한 나라에서도 호평을 받을 정도로 발전되었다.

08

디자인 프로세스의
유형별 대처는?

출판사에서 디자인 작업을 하는 것은 '자체 디자이너(직원)에 의한' 방법과 '외부 디자이너(프리랜서)에게 위탁하는' 방법으로 크게 구분할 수 있다. 그리고 출판사마다 두 디자이너들을 대하는 방식이 다르기 마련이다.

몇 가지 예를 들어보기로 하자.

A 출판사

내부 디자이너에게는 온갖 잡다한 디자인을 다 맡기면서 외부 디자이너에게는 시안이 맘에 안 든다는 말조차 하지 못한다. 그리고 내부 디자이너가 만든 시안은 아주 비판적인 시각으로 보면서, 외부 디자이너의 시안은 참신하다고 생각한다. 그리고 그런 생각을 회의나 사내, 사외에서 자주 언급한다.

B 출판사

터줏대감인 편집팀장이 대부분의 작업을 외부 디자이너에게 아웃소싱하는 편이다. 편집장 이외에 자체 디자인 인력은 거의 없다. 편집장의 단독 판단에 의해 디자인이 결정되는 경우가 많고, 타 부서의 의견은 잘 수렴되지 않는 편이다. 외부 디자이너들에게 깐깐한 편이다.

C 출판사

기본적인 작업은 자체 디자인팀이 담당하지만 상당수의 일을 외부 디자이너에게 의뢰한다. 디자인 시안에 대한 1차 판단은 실무 담당자가 하지만 최종 결정은 영업부 또는 사장님의 권한이라서, 종종 실무자가 선택한 시안이 뒤집어지곤 한다.

A 출판사 유형

A 출판사의 경우 출판 디자인 관련 노하우가 사내에 축적되기 어렵다는 단점이 있다. 그리고 외부 디자이너의 매너리즘에 영향을 받을 우려가 크다. 디자인 분야에 대해 자신감이 부족한 적은 인원의 출판사에서 일어나기 쉬운데 이런 경우 디자이너가 해야 할 일과 그에 대한 대가, 책임의 범위를 명확히 하나의 문서상 계약서를 통해서 일을 하는 것이 바람직하다. 그리고 한 두 사람의 디자이너에게 의존하기보다는, 새로운 디자이너를 발굴하는 일을 게을리해서는 안 된다. 설

사 몇 번 실패한다고 해서 기존의 디자이너에게 의존하는 것은 서로 간에 도움이 되지 않는다.

디자이너와의 문서상 계약의 필요 항목

① 인적 사항: 성명(업체 명), 주민등록번호(사업자등록번호), 연락처(전화, 핸드폰, 메일, 메신저, 주소)

② 저작권 관련 항목: 비용을 정상 지불했을 경우 디자인에 대한 모든 권리는 출판사에 있다. 표절 등의 저작권법 위반 사항은 디자이너에게 책임이 있다.

③ 작업 사항: 형태(표지, 내지, 브로슈어, 삽화, 포스터, 웹), 사이즈(판형 등), 인쇄 부수, 인쇄상 허용 범위(별색, 책날개, 박, 종이, 인쇄 도수, 특정 인쇄소 필요), 1차 시안의 갯수, 디자인 콘셉, 참고할 디자인의 예, 작업 일정 및 마감

④ 계약조건: 작업과정상의 비용처리(교정지 등의 비용 부담자 명시), 계약 해지 사유 명시(원하는 디자인 결과물이 안 나올 때 등), 디자인 비용 및 지불 일시, 지불수단(현금, 어음 등) 명시

디자이너나 출판사들 중 상당수는 문서상으로 근거를 남기는 것을 꺼리거나 불필요한 일이라고 생략하는 경우가 많은데, 출판에서 겪는 여러 트러블 중에서 상당수는 구두상으로 약속하거나 전달한 경우라는 점을 생각하면 계약서 작성의 중요함을 알 수 있다.

B 출판사 유형

B 출판사 유형의 경우 전체적인 디자인 콘셉트가 잘 바뀌지 않는 특성이 있다. 그리고 이는 장점일 수도, 단점일 수도 있다. 오래된 출판사의 경우 이런 경우가 많은데, 편집장이 의욕 있고 꼼꼼한 스타일인 경우, 책이 디자인상의 실수는 거의 없지만 우물 안 개구리가 될 가능성이 많다. 그리고 편집장이 매너리즘에 빠진다면 문제는 더욱 심각하다고 할 수 있다.

첫 번째 예로, 디자인 관련 잡지와 단행본을 출간하는 모 회사의 경우 얼마 전까지만 해도 큰형이 사장, 둘째가 콘텐츠 사업 책임자, 셋째가 광고책임자, 넷째가 영업책임자, 넷째의 부인이 잡지편집장, 큰형(사장)의 부인이 단행본 책임자였다. 그리고 그 회사에서는 아무도 잡지와 단행본의 디자인에 대해 비판하거나 참여할 방법이 없다는 문제가 있었다. 원천봉쇄란 이럴 때 쓰는 말일 것이다. 디자인 관련 잡지와 단행본을 출간함에도, 새로운, 참신한 디자인적 시도는 고사하고 발전의 기미가 보이질 않는다. 단, 워낙 경험이 많은 사람들이라 허술한 부분이 없는 것은 장점이긴 했다.

두 번째 예로, 작은 규모지만 나름대로 의미 있는 책을 출간하고 있는 모 출판사가 있다.

지속 가능한 출판을 위한
출판기획의 시작

사장 이하 대부분의 구성원들이 디자인이나 인쇄 제작 과정에 문외한인 관계로 출력소 등에서 오랜 경험이 있는 편집장이 디자인, 제작 관련 사항들을 모두 결정한다. 그 편집장은 엄청난 성실성과 꼼꼼함이 장점이지만, 디자인이 너무 정형화되어 있다는 단점이 있다. 솔직히 수치에 너무 의존한다. 표지 제목 디자인의 경우 타이포 그래픽의 각도부터 각종 디자인 공식에 너무 의존한다.

워낙 성실하고 꼼꼼한 탓에 회사 내에 사장을 포함해서 누구도, 그 편집장의 해박한 디자인 이론에 반론을 제시하지는 못하지만, 디자인이 '완성도'가 높거나 점점 발전하기보다는 '흠잡을 수는 없다'는 느낌이 더 강하다.

사실 위에 예를 든 두 경우는 출판기획자 또는 출판사 직원들 중 누구도 뾰족한 개선책을 찾기 어렵다는 점이 가장 큰 문제점이다. 그러나 회사에 애정이 있다면, 그리고 좋은 책을 만들고 싶다면 각 출판사 나름대로의 환경에서 최선의 방법을 찾는 노력을 게을리해서는 안 된다.

C 출판사 유형

출판사의 영업부나 사장의 결정권이 강하거나 관심이 지대한 경우에 해당한다.

책 내용에 대해서 가장 잘 아는 사람은 물론 작가일 것이다. 그리고 그것을 함께 진행한 출판기획자와 디자이너 역시, 실무자로써 상대적으로 오랜 시간 애정과 노력을 기울였으므로 잘 안다고 감히 말할 수 있을 것이다.

문제는 최종적으로 결정하는 단계에서 봉착하게 된다. 실무자와 결정권자가 동일하다면 문제가 없겠지만, 나름대로 실무자(출판기획자, 디자이너)가 열심히 만든 표지 등의 디자인에 대해 사장이나 영업부 책임자 등이 던진 다음과 같은 말은 그동안의 노력은 물거품으로 만들지도 모른다.

> "이 표지는 기본이 안 되어 있는데?"
> "흐음……. 좀 눈에 뜨게 할 수 없을까?
> 여기도 수정하고 저기도 수정하고……. 또 저기도 수정하면 좀 나아질 것 같은데……."

어쩌면 출판기획자가 의뢰한 디자이너를 제치고 다른 디자이너에게 이중으로 디자인을 의뢰해서 출판기획자를 신용상으로 곤란하게 만들지도 모른다.

이런 경우에 대처하는 방법은 두 가지 방법밖에 없는 것 같다.

하나는 디자인 과정을 일일이 결정권자에게 보고하고 결재를 받는 방법이다. 하지만 이 방법은 결정권자에게 실무자가 무능하거나 책임 회피형으로 보일 우려도 있는, 그리 권할만 한 방법이 아니다. 그러나 다음 두 번째 방법을 해 본 다음에, 전혀 가능하지 않을 때는 선택해도 좋을 것이다. 그러나 지레 포기하고 이 방법을 선택해선 안 된다.

두 번째는 자신이 주도적으로 결정할 수 있도록 방법을 찾는 것이다.

물론 결정권자는 따로 있겠지만, 자신의 디자인 콘셉트 등을 설득하고 때로는 협박(?) 하는 고단한 과정을 통해 원하는 디자인 콘셉트로 결정한다.

단, 이 방법은 '다른 사람의 의견을 듣고 자신의 콘셉트와 주장을 수정할 줄 아는 용기', '스스로 합리화하고 있지 않는 가를 부단히 의심할 줄 아는 객관성' 이 두 가지 조건을 스스로 갖추었을 때 유용한 방법이다.

사실 실제로 사용되는 방법이 하나 더 있기는 하다. 어느 정도 업무 시스템이 정착된 출판사의 경우, 사장님이 모든 결과물을 확인하고 결정하기는 어렵다. 그러나 지나가다가 우연히 눈에 띈 표지나 본문 디자인 등을 보고 결정을 뒤집어

버리는 경우가 대부분이라 할 수 있다.

　그리고 이런 경우는 사장님께 보여드리지 않는 것이 상책이다.

　그 대신 자신의 일처럼 책임감을 가지고 일해야겠지만 나이가 지긋한 사장님을 모시고 있는 실무자들의 경우 디자인 시안 등을 아예 숨겨두고 단행본 출간 때까지 보여드리지 않는 방법도 있기는 하다. 물론 사장님도 몰라서 넘어가는 것은 아닐것이다. 실무자들의 심중을 헤아려서 일부러 보이지 않는 한, 찾아서 보려는 안 하는 경우겠지만 말이다.

　여담이지만 오랜 역사를 자랑하는 IT 관련 대형 출판사 두 곳은 사장님이 극단적으로 각각 다른 표지 디자인 취향을 가지고 계셨다. 시사하는 바가 크다고 생각한다.

A 출판사는 표지에 흰 배경이 보이면 썰렁하고 성의 없어 보인다고 하셨고

B 출판사는 표지에 흰 배경에 포인트만 있는 깔끔한 것을 좋아하셨다.

.

.

3~4년 후

.

.

A 출판사는 마치 원서처럼 고급스럽고 중후한 표지로 발전되었으며

B 출판사는 세련되고 화려한 표지로 많은 독자들에게 칭찬을 듣고 있다.

그동안의 무수한 시행착오를 거친 실무자들과 그 실무자들을 긴 안목으로 보고 인내하신 경영자들의 노고 앞에서는 배울 점이 많다고 생각한다.

09

어느 날 갑자기
출판 제작을 맡게 된다면?

나는 감히 전문 제작 담당이라고 말할 수는 없지만, 전에 근무한 두 직장에서 본의 아니게 제작 업무를 일부 담당했던 탓에 제작 과정에 관심도 많고 나름대로 공부도 하려 애쓰는 편이다.

출판 과정 중에서 가장 엔지니어링적인 파트는 아무래도 '출판 제작'을 들 수밖에 없을 것이다. 그리고 그만큼 출판기획자나 디자이너들은 '출판 제작' 과정에 대해 무지한 경우가 많다. 그리고 제작에 대해서 근거 없는 두려움에 피하기 일쑤이다.

출판 제작에는 관심도 없던 여러분에게 어느 날 갑자기 회사 사장님이 이런 지시를 한다고 생각해보자. 개인적으로 겪었던 일이기도 하다.

> "이번에 제작 담당하던 G 과장이 갑자기 퇴사를 해서 당분간은 자네가 맡아야 될 것 같네. 옆에서 봐왔으니까 금방 적응될 거야. 모르는 것 있으면 나한테 물어보고……."

편집 디자인 단계까지는 간접 경험을 해봤지만 출판 제작은 소위 'G 과장에게 데이터를 주면 알아서 책이 나오는……' 수준이었으니 눈앞이 캄캄했던 기억이 지금도 생생하다. 그래도 '출판물류회사 강아지 삼 년이면 밴딩을 친다.'는 속담처럼 여기저기 물어물어 1년 가까이 출판 제작을 진행할 수 있었다. 그리고 그 와중에 나름대로 출판 제작을 내가 알아야 하는 이유랄까? 그런 것을 느낄 수 있었다. 그리고 그런 관심과 배우려는 노력은 지금도 조금씩이나마 계속되고 있다.

출판 제작을 처음 배우려는 사람은 아무래도 막막하기 마련이다. 일단 무엇부터 배워야 하는지도 몰라 답답해진다.

> 사이즈는 일반 책처럼 하면 되고요, 분량은 200쪽 정도? 그리고 컬러가 부분적으로 들어갈 것 같고요. 이런 책을 만드는 제작 과정과 비용 좀 아시는 대로 자세히 부탁드립니다.

어쩌면 이런 막막한 질문을 주위에 던지게 될지도 모른다.

'컴퓨터는 어떻게 조립해요?'라는 질문에 대답하기 어려운 것처럼 위의 질문에도 대답은 어렵다. 아니 어쩌면 원하는 대답은 완전히 불가능하다.

10

출판기획자가 알아야 할
출판 제작의 상식들

　출판 제작 입문자나 출판기획자, 디자이너 등이 출판 제작을 배우는 과정은 약간씩 차이가 있다.

　이 중에서 '출판 제작 입문자'에 대해서는 여기서 언급하지 않기로 한다. 이분들은 장차 출판 제작에 대한 전문가가 될 인력이기 때문에 나름대로 별도의 전문적이고 체계적인 과정이 필요하기 때문이다.

　출판기획자는 출판 제작의 실무를 담당하는 것은 아니기 때문에 실제로 출판 제작을 진행하는데 필요한 노하우보다는 '의도한 대로 결과물이 나오게 하려면 어떤 것을 알아야 하나?'라는 관점에서 작업을 진행하고, 확인하려는 자세가 필요하다.

소위 '출력, 인쇄, 제본 단계에서 엔지니어와 대화하고 판단을 할 수 있는' 지식이 필요한 것이다. 그리고 가장 조심해야 하는 것은 '아는 척'을 삼가는 일이다. 어설프게 아는 척했다가 사고 치는 것보다는, 모르는 것을 배우는 기회로 삼는 것이 자기 자신한테도 훨씬 도움이 된다. 모르는 것을 모른다고 솔직하게 말할 수 있는 용기 있는 사람이 뭘 배워도 제대로 배울 수 있다. 그리고 제작처의 실무자들과의 커뮤니케이션에도 도움이 된다. 물론 바쁜 제작처 담당자를 쫄랑쫄랑 따라다니면서 '이건 뭐예요?', '저것은 뭐예요?'라고 눈치 없이 물어보는 것도 문제지만, 뭔가 하나라도 배우기 위해 제작처 담당자의 의견을 경청하다 보면 출판 제작에 대한 궁금증이 해소되는 것 이상의 효과를 얻을 수 있게 될 것이다.

결론적으로 출판기획자의 경우 알아야 할 것은 출판 제작 과정의 전체 작업순서와 각 작업의 의미라 할 수 있다. 그리고 그에 따르는 실제적인 작업 시간도 파악할 수 있어야 한다. 이런 시간 체크는 제작처의 상황이나 작업물의 특징 등에 따라 다르지만 정확히는 아니더라도 나름대로 타당성 있는 일정 계획이 필요하다.

책의 정가 책정을 위해 전체 제작비용에 대한 이해가 있어야 한다. 여기서 '이해'라는 애매한 표현을 쓴 이유는, 제작비 견적을 능숙하게 할 수 있을 정도면 이미 전문가 수준이기 때문이다.

최소한 견적서를 보고 '이 책은 몇 판에 종이 몇 R(연)이 필요하고 양장 제본이니까 제작비가 총 얼마구나. 그러면 책 가격이 너무 올라가는데? 그렇다면 판형을 가로로 1cm만 줄여서 종이 비용을 절감하고 제본은 양장을 반양장으로 하면 가격 경쟁력이 충분하겠구나.' 등의 판단을 할 수 있어야 한다.

앞서 설명한 두 가지 알아두어야 할 것들을 판단하기 위해서는, 판수의 계산, 판형과 절수, 제본 방식과 대략적인 단가 차이, 접지를 감안한 내지 편집 배열, 대략적 종이 단가, 종이 소요량(정미, 여분량)에 대한 기초 지식과 함께 출력소와의 폰트 지원 여부 사전 확인, 일러스트의 아웃라인 확인, 별색의 지정, 베다 사용 시 인쇄상 위험 유무, 본문 특성과 종이를 감안한 필름 선수 지정 등의 디자인 관련 지식이 요구된다. 그리고 이런 지식들은 거래하는 인쇄소 실무자나 디자이너, 출력소 담당자, 심지어는 인터넷 등을 통해 충분히 얻을 수 있다. 단지 실제 경험을 쌓을 일정기간의 시간과 시행착오가 필요할 뿐이다.

자신은 출판 제작 담당자가 아니니 결과나 답만 얻어내면 된다고 생각하는 사람이 있다면, 그 사람이 원하는 정답은 영원히 얻을 수 없다는 조언을 하고 싶다.

출판 제작 관련 커뮤니티: 출판제작(편집&디자인)모임

출제모(http://cafe.daum.net/bookmakepeople)

지속 가능한 출판을 위한
출판기획의 시작